CAEP 中国环境规划政策绿皮书

中国生态环境财税政策研究

China's Report on Eco-environmental Finance and Taxation Policy

徐顺青　刘双柳　高　军　焦　阔　葛汝冰　等/编著

中国环境出版集团·北京

图书在版编目（CIP）数据

中国生态环境财税政策研究/徐顺青等编著. —北京：中国环境出版集团，2022.5
（中国环境规划政策绿皮书）
ISBN 978-7-5111-5153-7

Ⅰ. ①中… Ⅱ. ①徐… Ⅲ. ①生态环境建设—财政政策—研究—中国②生态环境建设—税收政策—研究—中国 Ⅳ. ①F812.0②F812.422

中国版本图书馆 CIP 数据核字（2022）第 081140 号

出 版 人 武德凯
责任编辑 葛 莉
责任校对 薄军霞
封面设计 彭 杉

出版发行 中国环境出版集团
（100062 北京市东城区广渠门内大街 16 号）
网 址：http://www.cesp.com.cn
电子邮箱：bjgl@cesp.com.cn
联系电话：010-67112765（编辑管理部）
发行热线：010-67125803，010-67113405（传真）
印 刷 北京中科印刷有限公司
经 销 各地新华书店
版 次 2022 年 5 月第 1 版
印 次 2022 年 5 月第 1 次印刷
开 本 787×1092 1/16
印 张 11.75
字 数 150 千字
定 价 83.00 元

《中国环境规划政策绿皮书》
编委会

前 言

生态环境保护是落实生态文明建设这一战略性任务的关键环节，这项工作的成效与生态环境财税政策密切相关。这是因为，生态环境财税政策是政府提供基本环境服务的重要指引，在某种程度上决定着环境保护的效果和环境质量的优劣，并且能在一定程度上克服市场机制的不足并消除环境负外部性，优化环境要素配置，促进环境质量改善。

中华人民共和国成立 70 多年来，我国政府通过一般公共预算和政府性基金等渠道加大财政支出，制定财政补贴、生态补偿、税收收费等多项直接和间接政策措施，积极参与生态环境治理，不仅在一定程度上遏制了环境污染趋势，而且建立了较为完善的激励约束机制，加快了我国生态文明建设步伐。但有些政策自实施以来一直存在一些问题，有一定优化空间。值此生态环境部环境规划院建院 20 周年之际，特出版本政策研究成果。本研究在全面梳理我国生态环境财税政策演变历程基础上，基于当前我国生态环境面临的形势和财税体制机制改革背景，着重对生态环境财税政策进行系统、全面剖析，并开展财政支出和税收政策的环境治理效应定量分析比较，提出相应政策建议，形成了《中国生态环境财税政策研究》一书，使之成为人们深入了解生态环境财税政策的参考书。希望通过分享交流，将其中的一些观点和成果转化为管理实践，更好地促进我国生态文明建设和美丽中国建设。

本书编写过程中，得到了生态环境部环境规划院陆军书记、王金南院长、何军副院长、严刚副院长、曹东研究员及生态环境部科技与财务司逯元堂处长、吕奔副处长等的大力支持与指导，在此表示衷心的感谢。

我们深知自身研究力量有限，尚不足以发现和解决生态环境财税政策实施过程中存在的各种问题，且由于数据资料所限，对于个别政策措施，本书尚未提及。书中的一些结论也可能存在争议，希望各位同仁和读者不吝赐教。

本书编委会

2021 年 6 月

执行摘要

生态环境是人类赖以生存的基础，人类的生产和生活无时无刻不在改变着环境，也无时无刻不受环境因素的影响。近年来，我国频繁出现的环境污染问题、资源浪费问题、生态失衡问题不仅制约了经济社会发展，也严重制约了人民的生活水平和生活质量。人民群众对美好生态环境的需求与现状之间还存在较大差距。由于生态环境保护的外部性，政府部门承担着不可或缺的重任，需在协调经济社会可持续发展的同时，解决好日益凸显的环境问题。目前，我国生态环境财税政策已得到一定运用和改进，取得了很大成效。但根据总体分析，部分政策还不够健全，还存在一定不足，仍有改进空间。

本书从生态环境财税政策作用机制出发，剖析财政支出、财政补贴、绿色采购、生态补偿等生态环境财税激励型政策及税收、收费等生态环境财税约束型政策的演变历程、实施成效及存在的问题。为进一步阐明财税政策的环境治理效应，在不考虑污染溢出的前提下，根据省级财税数据和经济发展数据等，建立一般面板模型，分别对财政支出政策和税收政策的环境治理效应进行实证研究。经过分析发现，财政支出政策的环境治理效应明显高于税收政策，对环境要素的影响力排序为大气污染物、水污染物和固体废物；税收政策的环境治理效应不明显，对固体废物、大气污染物、水污染物的排放约束作用依次减弱。

“十四五”及更长时期，生态环境保护工作将面临深入打好污染防治攻坚战、环境基础设施重点领域补短板及碳达峰、碳中和等重要目标任务，除需财政直接资金支持外，亟须发挥财税政策的引导支持作用。

建议从健全财政支出政策、全面提高财政支出绩效、完善收费机制、优化纵横向生态补偿机制、健全税收及其优惠政策、更好地发挥政府绿色采购作用等角度，完善生态环境财税政策，发挥好财政和税收两个方面的政策作用，以便更好地巩固生态环境治理成效。

Executive Summary

The ecological environment is the basis for human survival. Human production and life change the environment all the time and are affected by environmental factors all the time. In recent years, our country's frequent environmental pollution, resource waste, and ecological imbalances have not only restricted economic and social development, but also seriously endangered people's living standards and quality of life. There is still a gap between the people's actual needs for ecological protection and the status quo. Due to the externalities of ecological and environmental protection , government departments are shouldering an indispensable responsibility. They need to solve the increasingly prominent environmental problems while coordinating the sustainable development of the economy and society. At present, our country's eco-environmental fiscal and taxation policies have been applied and developed to a certain extent, and many results have been achieved. However, according to the overall analysis, some policies are not sound enough, there are still certain shortcomings, and there is still room for improvement.

Starting from the mechanism of the ecological environment fiscal and taxation policy, this book analyzes the evolution process, implementation effectiveness and existing problems of ecological environment fiscal and tax incentive policies such as fiscal expenditure , fiscal subsidies , green procurement , and ecological compensation, as well as taxation, charging and other ecological environment constraint policies. In order to further understand the environmental governance effects of fiscal and taxation policies, without considering pollution spillovers, based on provincial fiscal and taxation data and economic development data, a general panel model was established to conduct empirical research on the environmental governance effects of fiscal expenditure policies and taxation policies. The analysis found that the environmental governance effect of fiscal expenditures on the ecological environment is significantly higher than that of taxation policies. The impact of taxation policies is ranked as air, water and solid waste. The environmental governance effect of taxation policies is not obvious, and the restraint of emissions of solid waste, air and water pollutants gradually weakened.

The "14th Five-Year Plan" and longer period of the ecological environment will face the in-depth fight for pollution prevention and control, the key areas of environmental infrastructure to make up for shortcomings, and the important tasks of carbon peak and carbon neutrality. In addition to direct financial support, the guiding and supporting role of fiscal and taxation policies is urgently needed. It is recommended to improve the ecological environment fiscal and taxation policies from the perspectives of improving fiscal expenditure policies, comprehensively improving expenditure performance, improving the charging mechanism, optimizing vertical and horizontal ecological compensation, improving taxation and its preferential policies, making better use of green procurement, and giving full play to both fiscal and taxation aspects. The role of policies can better stabilize the effectiveness of ecological environment governance.

目录

1 1 绪 论
1 1.1 生态环境财税政策内涵
2 1.2 生态环境财税政策工具
3 1.3 财税政策的环境治理效应
5 2 生态环境财税政策演进
5 2.1 萌芽发展阶段（1949—1972 年）
6 2.2 探索发展阶段（1973—1990 年）
8 2.3 开拓发展阶段（1991—2005 年）
11 2.4 快速发展阶段（2006 年至今）
16 3 生态环境财税激励型政策状况
16 3.1 财政支出政策
47 3.2 财政补贴政策
75 3.3 政府绿色采购政策
79 3.4 生态补偿政策
93 3.5 税收优惠政策
97 3.6 其他引导性政策
103 4 生态环境财税约束型政策状况
103 4.1 生态环境保护税收政策
116 4.2 生态环境保护收费政策
128 5 财政政策的环境治理效应评价
128 5.1 变量选择和数据来源

目录

131 5.2 实证分析
138 6 税收政策的环境治理效应评价
138 6.1 变量选择和数据来源
140 6.2 实证分析
147 7 生态环境财税政策面临形势及存在的问题
147 7.1 面临形势
152 7.2 存在的问题
158 8 政策优化建议
158 8.1 健全财政支出政策
159 8.2 全面提高财政支出绩效
160 8.3 完善收费制度，扩大政府性基金资金来源
161 8.4 优化纵横向生态补偿机制
162 8.5 健全税收及其优惠政策
162 8.6 更好发挥政府绿色采购作用
164 附表
173 参考文献

1 绪论

1.1 生态环境财税政策内涵

生态环境保护跨行业、跨领域、跨地域，与各经济部门互相交叉、互相渗透，随着产业和技术的发展，其边界不断延伸，内涵也不断丰富。为方便对生态环境财税政策进行研究分析，本章在已有研究基础上，首先对生态环境保护进行界定。生态环境保护是为促进绿色低碳发展、促进生态健康可持续发展而开展的活动，主要包括环境污染治理、节能与能效提升、资源循环与利用、可再生能源与清洁能源推广、生态修复与治理等。基于此，生态环境财税政策是与开展以上活动相关的财政政策和税收政策的统称，是政府为解决环境外部性特征导致的资源配置不公平与低效的问题，为公众提供良好的生态环境服务，运用财政预算、税收、补贴等政策工具对经济主体进行行为调节，促进生态环境保护与经济可持续发展的一系列支持政策。

与行政命令等环境管理手段相比，生态环境财税政策具有以下特点：

①引导性强，不仅通过财政资金投入，鼓励和吸引社会资本投资，而且通过税收减免和补贴等措施引导企业和公众开展有利于环境保护和能源资源节约利用的活动；②手段灵活多样，包括财政支出、财政补贴、政府投资基金、专项资金、征收税费等多种政策手段；③协同融合性强，除可单独使用发挥作用外，还可协调配合金融、价格、产业等政策，如财政贴息、“政府+银行+担保机构”等。

1.2 生态环境财税政策工具

生态环境财税政策主要工具涉及财政政策工具和税收政策工具两类，一方面实现资源环境保护目标，另一方面筹集环境治理资金。其中，财政政策工具主要指财政支出政策，具体包括财政支出、财政补贴、政府绿色采购、生态补偿、政府投资基金等；税收政策工具主要指与生态环境保护相关的税收、收费及税收优惠等（图 1-1）。

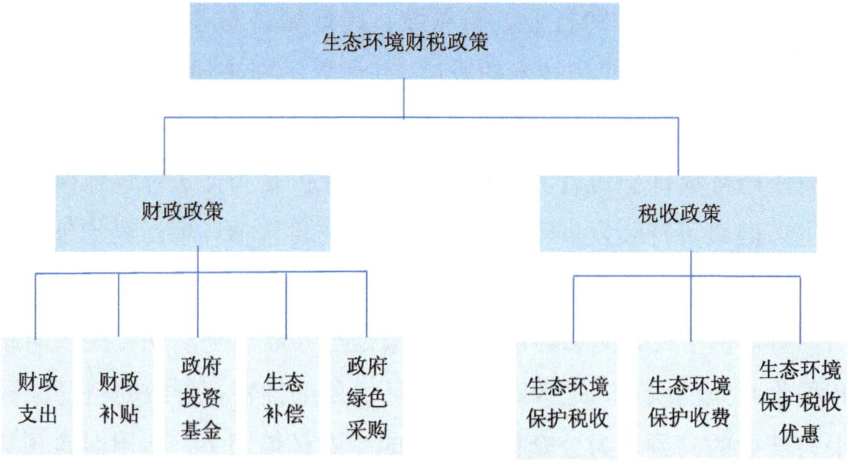

图 1-1　生态环境财税政策主要工具

以上财税政策工具作用于生态环境保护的机制可归纳为正向激励

和反向约束两个方面（图 1-2）。正向激励是通过财政支出、补贴、绿色采购、补偿、税收优惠等引导性措施，激励本级或下级政府、经济个体及公众开展生态环境保护活动，鼓励企业生产环境标志产品，降低治污成本，优化环境要素分配与使用，促进环境质量改善。反向约束则主要通过征收税费等措施约束经济粗放式发展，落实“污染者付费”原则，增加企业或个人排污成本，减少污染物排放，落脚点也是促进生态环境质量的改善。

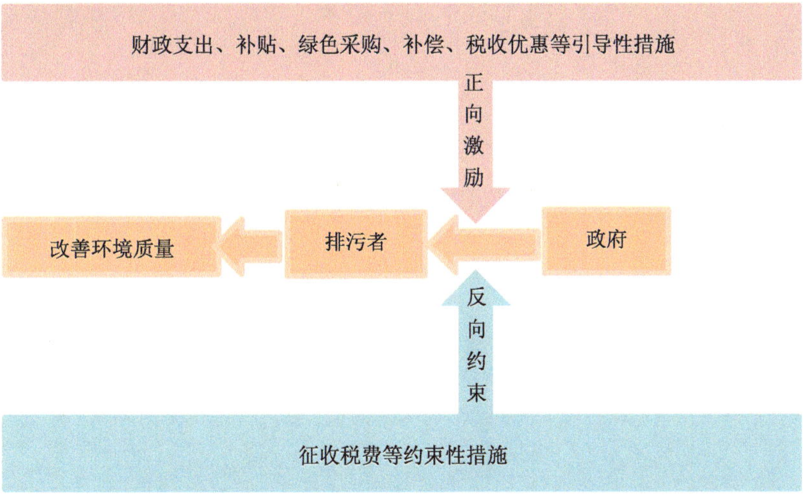

图 1-2 财税政策促进生态环境保护的作用机制

1.3 财税政策的环境治理效应

效应泛指在描述社会现象时，某种行为的发生和发展产生的影响、反应及结果。环境治理效应是财税政策发挥环境治理作用的重要体现。有学者研究认为，环境治理效应是对“环境质量”的影响效应，环境质量可用每年排放的污染物数量来度量。本研究中的环境治理效应主要指政府通过环境财政支出、环境税收等一系列手段，通过经济效应的中介作用，实现改善环境质量、减少污染物排放的目标。本研究通过分析各种手段的显著性及作用强度来衡量政策手段的有效性，为生态环境财税政策改善提供方向和建议。

2 生态环境财税政策演进

中华人民共和国成立 70 多年来，生态环境财税政策随着经济社会发展战略、财政制度改革和环境污染状况的不断变化，大致经历了萌芽发展、探索发展、开拓发展和快速发展四个阶段。

2.1 萌芽发展阶段（1949—1972 年）

1949—1972 年，我国工业经济并不发达，以手工业和简单机器生产为主，在整个国民经济中的比重还不到 30%，所产生的环境污染物和废弃物也非常少。同时，作为国民经济主要拉动力的农业经济也处在生产水平较低的状况，整个农业生产过程中保持着较原始的耕种方式，为增加产量所使用的肥料也仅是人畜粪便。这样一方面可以解决粪便处理问题，另一方面也可以增加土地肥力，整个生产对环境产生的影响很小。因此，从整体上看，这个时期的环境处于一种比较好的水平，人们没有太强的意识进行环境保护。该阶段财政对于环境保护的支持也是比较少的，主要采用的是财政资金直接投入的方式，年平均投入在国家总投入中的比重也只有 0.5%左右。1972 年 6 月，在瑞典首都斯德哥尔摩召开第一次联合国人类环境会议。通过这次会议，我国政府开始认识到中国也存在严重的环境问题，需要认真对待。

2.2 探索发展阶段（1973—1990 年）

1973 年 8 月，国务院召开第一次全国环境保护会议，审议通过了“全面规划、合理布局、综合利用、化害为利、依靠群众、大家动手、保护环境、造福人民”的环境保护工作 32 字方针和第一部环境保护综合性文件——《关于保护和改善环境的若干规定（试行草案）》。从此，我国环境保护事业开始起步。随着 1978 年改革开放，我国经济飞速增长，工业经济比重大幅增加，污染物排放量逐年增长，环境问题也日益突出，政府利用财税政策开展生态保护和污染治理方面的工作已比较普遍并得到了有意识的加强，相关政策措施如下。

（1）正式建立排污收费制度

1978 年 12 月，中共中央批转国务院环境保护领导小组的《环境保护工作汇报要点》，首次提出“排放污染物收费制度”设想。1979 年《中华人民共和国环境保护法（试行）》第 18 条规定：“超过国家规定的标准排放污染物，要按照排放污染物的数量和浓度，根据规定收取排污费。”1982 年，国务院正式颁布《征收排污费暂行办法》，标志着我国排污收费制度正式建立。该办法规定了收费对象，收费程序，收费标准，停收、减收和加倍收费的条件，排污费的列支，费用的管理和使用等内容。

（2）明确环境保护资金渠道

1984 年 6 月，七部门联合印发《关于环境保护资金渠道的规定的通知》，明确环境保护资金的 8 条渠道，具体包括：①一切新建、扩建、改建工程项目必须严格执行“三同时”的规定，并把治理污染所需资金纳入固定资产投资计划。新项目的环境影响评价费在可行性研究费用中支出。在建项目需要补做环境影响评价时，其费用在不可预见费用中列支。②在相关部门及企业掌握的更新改造资金中，每年拿出 7%用于污染治理；污染严重、治理任务重的，用于污染治理的资金比例可适当提高。③大中城市按规定提取的城市维护费，要用于结合基础设施建设进行的综合性环境污染防治工程，如能源结构改造建设、污水及有害废物处理等。④企业缴纳的排污费要有 80%用于企业或主管部门治理污染源的补助资金。⑤工矿企业为防治污染、开展综合利用项目所产产品实现的利润，可在投产后 5 年内不上交，留给企业继续治理污染、开展综合利用。⑥关于防治水污染问题，应根据河流污染程度和国家财力情况列入国家长期计划，有计划、有步骤地逐项治理。⑦环境保护部门为建设监测系统、科研院（所）、学校以及治理污染的示范工程所需要的基本建设投资，按计划管理体制，分别纳入中央和地方的环境保护投资计划。⑧环境保护部门所需科技三项费用和环境保护事业费，应由各级科委和财政部门根据需要和财力可能，给予适当增加。

（3）开征资源税

为保护国有资源，促进资源合理开发与利用，遏制资源乱采滥挖、掠夺性开采等现象，同时调节级差收益，1984 年 9 月，国务院首次颁布《中华人民共和国资源税条例（草案）》，标志着资源税正式设立，体现了国家通过财税手段对资源开发与利用的调节。

（4）开征城市维护建设税

为稳定与扩大城市维护建设资金来源、加强城市维护建设，我国于 1985 年开征城市维护建设税，所征税款用于城市环境卫生、园林绿化等公共基础设施的建设与维护，成为生态环境支出的重要资金来源。

（5）设立专项基金，实行有偿使用

1988 年，国务院发布《污染源治理专项基金有偿使用暂行办法》（国务院令第 10 号），从重点排污单位污染源治理补助资金中提取 20%～30% 用来设立污染源治理专项基金，实行基金有偿使用，委托银行贷款给符合条件的超标排污企业，用于重点污染源治理项目、“三废”综合利用项目、污染源治理示范工程以及实行并、转、迁的污染源治理设施项目等四类工程项目。

（6）制定相关税收优惠政策

1986 年，国务院颁布《节约能源管理暂行条例》，制定一系列节能优惠政策：对节能贷款实行优惠利率；对节能效益实行“税前还贷”；继续对国有企业节能措施投入节能基建和技改资金，国有企业实行节能奖，奖金计入成本。1989—1990 年，城镇土地使用税、车船使用税等地方税种均涉及生态环境保护的税收优惠措施，主要包括：水利设施及其管护用地，电力行业、企业厂区以外的绿化用地，盐场的矿井用地，未使用的矿山企业和煤炭企业造成的塌陷地与荒山占地，免征城镇土地使用税；环保部门使用的环境监测车，环卫部门使用的路面清扫车、各种洒水车、垃圾车船，市内公共汽车、电车等，免征车船使用税。

2.3 开拓发展阶段（1991—2005 年）

进入 20 世纪 90 年代以后，我国能源资源消耗速度明显上升，环境质量明显下降，很多水域受到不同程度污染，面临日益恶化的生态环境。财税政策逐渐成为最重要的经济性环境治理工具，手段和形式逐步完善，具体体现在以下方面。

（1）调整与统一排污费征收标准

为使污水、噪声排污费征收标准与《中华人民共和国水污染防治法》

《中华人民共和国噪声污染防治条例》等法规、标准配套，从而加强环境管理，国家环保局、国家物价局、财政部于 1991 年联合印发《关于调整超标污水和统一超标噪声排污费征收标准的通知》[（91）环监字第 262 号]，调整超标污水排污费和统一噪声排污费征收标准。与此同时，一些排污企业排放污水的浓度虽低于国家标准，但其污染排放总量以及对环境的损害程度甚至超过那些超标排污企业。为解决这一现实问题，国家计委、财政部于 1993 年发布《关于征收污水排污费的通知》（计物价〔1993〕1366 号），对未超标的污水排放企业征收排污费，首次体现总量控制的政策导向。另外，为加强 SO_2 排放治理，同时筹集污染治理资金，1992 年，在一些酸雨污染严重并且具有一定经济承受力的地区进行试点，对工业燃煤 SO_2 排污行为征收排污费。1998 年，国家环境保护总局联合三部门印发《关于在酸雨控制区和二氧化硫污染控制区开展征收二氧化硫排污费扩大试点的通知》（环发〔1998〕6 号），扩大 SO_2 排污费的征收范围，由原先的“两省九市”扩大到“两控区”。同年 5 月，国家环境保护总局、国家计委、财政部联合印发《关于在杭州等三城市实行总量排污收费试点的通知》（环发〔1998〕73 号），将杭州、郑州、吉林三城市纳入排污总量收费的试点范围。

（2）完善税收政策，调节资源与环境消费

1994 年，我国开始实施分税制改革，开始主动运用税收政策调节资源与环境消费，标志着生态环境财税政策体系开始形成。一方面，颁布新资源税条例，将盐税合并到资源税中，扩大资源税征收范围，将资源税划为地方税，增加地方财政收入；另一方面，增加消费税税种，调节消费结构，引导消费方向，体现在资源环境保护方面，将易形成环境污染和资源浪费的产品纳入征收范围，主要包括烟、汽油、柴油、汽车轮胎、小汽车、摩托车等。

（3）制定减免税政策，促进资源综合利用

1995 年，财政部、国家税务总局印发《关于对部分资源综合利用产品免征增值税的通知》（财税字〔1995〕44 号），规定对企业生产的原料中掺有不少于 30%的煤矸石、石煤、粉煤灰、烧煤锅炉的炉底渣的建材产品和利用废液（渣）生产的黄金、白银，在 1995 年年底以前免征增值税。1996 年，国务院批转国家经贸委等部门《关于进一步开展资源综合利用的意见》（国发〔1996〕36 号）和国家经贸委等部门联合印发的《资源综合利用目录》（1996 年修订），继续推进资源综合利用工作，以适应经济增长方式转变和实施可持续发展战略。

（4）发行国债，用于城市环境基础设施建设

1996 年 8 月，国务院印发的《关于环境保护若干问题的决定》（国发〔1996〕31 号），提出“完善环境经济政策，切实增加环境保护投入”，在基本建设、技术改造、综合利用、财政税收、金融信贷及引进外资等方面，抓紧制定、完善促进环境保护、防止环境污染和生态破坏的经济政策和措施。银行、财政等部门积极介入环境投融资领域，不断挖掘发行债券、国外贷款、项目融资和证券市场等新的融资渠道。在发行债券方面，1998 年开始实施以国债投资基础设施建设为重点的积极财政政策，把城市环境基础设施建设列为支持重点，当年首次增发 100 亿元长期国债，次年增发 600 亿元，在城市环境基础设施建设、“三河三湖”污染治理、北京环境综合整治等重点项目上共投入 138 亿元，占全部国债资金额的 23%。

（5）设立中央环境保护专项资金

2003 年，我国相继实施《排污费征收使用管理条例》《排污费征收标准管理办法》《排污费资金收缴使用管理办法》，修改原有《征收排污费暂行办法》，取消 20%排污费用于环保部门自身建设的规定，明确征

收排污费只能作为环境保护专项资金，实行专款专用，应用领域包括重点污染源防治、区域性污染防治、污染防治新技术工艺的开发示范和应用，以及国务院规定的其他污染防治项目。

2.4 快速发展阶段（2006 年至今）

2005 年后，面对日益严峻的资源环境形势，在建立资源节约型和环境友好型“双型”社会、大力发展循环经济、大力推进生态文明建设等重大战略决策引导下，生态环境财税体系建设取得突破性进展。环境财政支出、环境税制等逐步向规范性制度建设发展，具体表现在以下方面。

（1）生态补偿机制逐步完善

2007 年，国家环境保护总局印发的《关于开展生态补偿试点工作的指导意见》（环发〔2007〕130 号），提出在自然保护区、重要生态功能区、矿产资源开发和流域水环境保护等重点领域进行生态补偿试点。2008 年 2 月修订通过的《中华人民共和国水污染防治法》首次写入水环境生态保护补偿的内容：“国家通过财政转移支付等方式，建立健全对位于饮用水水源保护区区域和江河、湖泊、水库上游地区的水环境生态保护补偿机制”。2011 年颁布的《中华人民共和国国民经济和社会发展第十二个五年规划纲要》第 25 章提出探索市场化的生态补偿机制，研究设立国家生态补偿专项资金。2015 年，中共中央、国务院印发的《关于加快推进生态文明建设的意见》（中发〔2015〕12 号）第 24 条提出，健全生态保护补偿机制。2016 年 4 月，国务院办公厅印发的《关于健全生态保护补偿机制的意见》（国办发〔2016〕31 号）提出探索建立多元化生态保护补偿机制，逐步扩大补偿范围，合理提高补偿标准，并提出相应的目标。2018 年 12 月，国家发展改革委、财政部等九部门印发《建立市场化、多元化生态保护补偿机制行动计划》（发改西部〔2018〕1960号），进一步提出到2020年，市场化、多元化生态保护补偿机制初步建立。

（2）“211环境保护”科目正式纳入预算机制

2007年，我国实行政府收支分类改革，在政府支出功能分类中增加了“211 环境保护”科目，从此环境保护在政府预算支出科目中有了户头，为政府环保投入提供了重要保障，也有利于将散落在不同科目的环保财政支出资金统一纳入“211环境保护”科目中，对其进行预算内管理。

（3）相继设立各类中央财政环保专项资金

2007年，设立主要污染物减排专项资金；同年12月，设立重点流域水污染治理专项资金；2008年，设立农村环境综合整治专项资金，通过“以奖代补、以奖促治”对农村污水垃圾处理等环境保护项目予以支持；2009年，设立重金属污染防治专项资金，重点支持污染源综合整治、重金属历史遗留问题的解决、污染修复示范和重金属监管能力建设四类项目；2013年，设立大气污染防治资金，通过“以奖代补”方式支持重点领域防治大气污染；同年，设立江河湖泊生态环境保护专项资金，重点支持江河湖泊生态安全调查与评估、饮用水水源地保护等江河湖泊综合治理项目；2015年，整合设立水污染防治资金，重点支持重点流域水污染防治、水质较好江河湖泊生态环境保护等项目；2016年，将“重金属污染防治专项”调整为“土壤污染防治专项”，设立重点生态保护修复资金。至此，基本形成了覆盖大气、水、土壤、农村、生态等领域的中央环保专项资金的局面。

（4）建立政府绿色采购制度

2006年，财政部、国家环境保护总局联合印发《关于环境标志产品政府采购实施的意见》（财库〔2006〕90号）和第一批《环境标志产品政府采购清单》，明确规定政府绿色采购的范围、工作程序和具体管理方式，正式建立和启动政府绿色采购制度。2007年，国务院办公厅印发《关于建立政府强制采购节能产品制度的通知》（国办发〔2007〕51号），在积极推进政府机构优先采购节能（包括节水）产品的基础上，选择部分节能效果显著、性能比较成熟的产品，予以强制采购。截至2018年年底，财政部联合相关部门对节能产品和环境标志产品政府采购清单进行了20余次调整，且从2019年开始实施品目清单管理，不再发布采购清单。

（5）实施重点生态功能区转移支付

2007年，国家环境保护总局提出探索建立重点生态功能区生态补偿机制。为落实这一安排部署，中央财政自2008年起在一般性转移支付项下增设国家重点生态功能区转移支付，对生态功能区所在县级政府给予生态资金补偿。当年将天然林保护、三江源和南水北调等重点生态功能区所辖221个县纳入转移支付范围，为支撑重点生态功能区的县（市）开展生态环境保护提供了重要保障。经过10余年发展，重点生态功能区补偿范围、补偿力度不断调整，截至2020年年底，已覆盖818个县域。

（6）大力推进资源税费改革

2010年，我国将新疆作为试点进行资源税改革，随后将试点扩大到西部其他省份，改革重点是将天然气、原油资源税计征方式改为从价计征方式，统一调整为按照资源产品销售额的5%征收资源税。2011年出台的《中华人民共和国资源税暂行条例实施细则》明确了从价计征方式，标志着以从量计征改为从价计征为重点的改革向全国铺开。2016年5月，财政部、国家税务总局联合发布《关于资源税改革具体政策问题的通知》（财税〔2016〕54 号），进一步明确资源税计税依据、适用税率、优惠政策及管理政策等。2019 年 8 月，《中华人民共和国资源税法》颁布，以法律的形式正式明确资源税的税目、税率、计征方式、免征情形。

（7）实行成品油税费改革

2009 年 1 月，我国对成品油消费税政策进行调整，主要涉及以下几个方面：首先，调高成品油消费税单位税额，调整后继续实行从量定额计征、价内征收；其次，对特殊用途的成品油消费税进行相应调整，恢复对进口石脑油征收消费税，其中对于用作乙烯、芳烃类原料的进口石脑油已纳消费税予以返还，而对于用作乙烯、芳烃类原料的国产石脑油则免征消费税；暂缓对航空煤油征收消费税。

（8）实施所得税和增值税等优惠政策

2008 年出台、实施多项所得税优惠政策，包括《中华人民共和国企业所得税法》及其实施条例在内的一系列规定，对符合条件的环境保护、节能节水、资源综合利用、公共污水处理、公共垃圾处理等企业的应纳所得税，允许不同比例的税前扣除、减免和减半征收。2016 年实施全面“营改增”后，增值税在节能环保方面的作用渐渐凸显出来，主要体现在免税和退税等优惠政策中。财政部、国家税务总局印发《资源综合利用产品和劳务增值税优惠目录》（财税〔2015〕78 号），分别设置 100%、70%、50%、30%四档退税比例，对资源综合利用产品和劳务实行即征即退政策。

（9）推进排污费改税改革

2012 年，我国在多个省份相继开展排污费提标工作，其中新疆将 SO_2 和 COD 排污费分别提升至每污染当量 1.2 元与 1.4 元；黑龙江对 SO_2 征收标准做出调整。2013 年，北京、广东等地也积极推进排污费改革。

2014年，国家发展改革委等部委发布《关于调整排污费征收标准等有关问题的通知》（发改价格〔2014〕2008号），规定2015年6月前将全国废气中SO_2和NO_x的征收标准提高至不低于每污染当量1.2元，废水中COD和5项重金属排污费征收标准提高至不低于每污染当量1.4元。调整后，我国废水与废气污染物的排污费征收标准增长1倍左右。至此，排污费改革取得了阶段性的突破和进展。另外，“费改税”改革逐步推进。2016年12月25日，第十二届全国人民代表大会常务委员会第二十五次会议通过《中华人民共和国环境保护税法》，明确自2018年1月1日起正式开征环境保护税，排污费正式退出历史舞台。

（10）大力推进PPP模式

2014年以来，从中央到地方，各级政府出台了一系列政府与社会资本合作（PPP）的相关政策文件，推进包括环境公共服务和公共产品的市场化投融资工作。2015年，财政部、环境保护部印发《关于推进水污染防治领域政府和社会资本合作的实施意见》（财建〔2015〕90号），系统、全面地呈现了水污染防治领域PPP实施路线图。2016年10月，财政部印发《关于在公共服务领域深入推进政府和社会资本合作工作的通知》（财金〔2016〕90号），明确提出在垃圾处理和污水处理两个领域开展PPP强制试点。同月，住房和城乡建设部等五部门联合印发《关于进一步鼓励和引导民间资本进入城市供水、燃气、供热、污水和垃圾处理行业的意见》（建城〔2016〕208号），从民间资本进入渠道到相关金融、土地、价费、税收等方面提出了多项扶持政策。2017年，财政部、住房和城乡建设部、农业部和环境保护部联合印发《关于政府参与的污水、垃圾处理项目全面实施PPP模式的通知》（财建〔2017〕455号），要求对政府参与的新建污水、垃圾处理项目全面实施PPP模式。

3

生态环境财税激励型政策状况

3.1 财政支出政策

财政支出对生态环境保护的作用集中体现在资金保障、行为激励、资金引导等方面，主要在公益性较强的环境基础设施建设以及重大环境问题的治理上，且多为资本性支出，对加强生态环境投资具有重要意义。根据财政分类支出科目，财政生态环境支出渠道主要包括一般公共预算生态环境支出和政府性基金生态环境支出两个方面。

3.1.1 一般公共预算生态环境支出

3.1.1.1 支出科目

2007 年以前，我国财政收支遵循《政府预算收支科目》，分为类、款、项、目 4 个层级，没有专门的类级环境保护支出，但在各类科目下属的款级科目中有与“环境保护”相关的科目，如表 3-1 所列相关款级科目；财政部在至少 6 个类级科目下设置了生态环境保护资金，尤其是在基本建设支出、科技三项费用、工业交通等部门的事业费等 3 个类级科目中，明确提及“环境保护”款项。2007 年以前，每年的财政部决算与《政府预算收支科目》并非一一对应。以 2005 年为例，决算表按照功能对各个科目做了简单总结，将《政府预算收支科目》中的 36 个类级科目整合成 26 个决算项目。在第七项“城市维护建设支出”中包含了“环境保护和城市水资源建设支出”这一子项，这是在 2007 年以前的财政部决算表中列出的与环境保护相关的项目，但不是独立项目，也并没有与《政府预算收支科目》里基本建设支出中的环境保护基建支出相结合。因此，在 2007 年以前，财政部虽然设有对环境保护的财政支出，但支出项目过于分散，不够系统，难以确定财政生态环境支出的绝对规模。

表 3-1　2007 年以前《政府预算收支科目》中与环境保护相关的款级科目

类级科目	款级科目
01 基本建设支出	0123 环境保护基建支出
05 科技三项费用	0524 环境保护科技三项费用
08 林业支出	0803 天然林保护
	0804 退耕还林
	0808 防沙治沙
10 工业交通等部门的事业费	1023 环境保护事业费
25 城市维护费	2501 城市维护费
60 专项支出	6001 排污费支出

2006 年 1 月，财政部预算司编写了《政府收支分类改革问题解答》（以下简称《解答》），标志着政府收支分类改革落在了实处。《解答》明

确在《2007 年政府收支分类科目》中按支出功能分类共设置 17 类，其中包括“211 环境保护”类。由此，借助政府收支分类改革，我国政府在 2007 年设立了对于环境保护事业的专项财政支出类级科目。2007 年设立的“211 环境保护”类级科目下设 10 款，即环境保护管理事务（含 8 项）、环境监测与监察（含 5 项）、污染防治（含 8 项）、自然生态保护（含 3 项）、天然林保护（含 7 项）、退耕还林（含 6 项）、风沙荒漠治理（含 5 项）、退牧还草（含 4 项）、已垦草原退耕还草和其他环境保护支出。参照《2007 年支出功能分类科目与 2006 年支出科目对照表》可以看出，以上款项是根据《政府预算收支科目》整合而来，见表 3-2。

表 3-2　2007 年环境保护支出科目的 2006 年支出科目来源

2006 年类级科目	2006 年款/项级科目	对应 2007 年项级科目数量
01 基本建设支出	0123 环境保护基本建设支出	1 项
	012302 基本建设拨款支出	13 项
	012305 专项基本建设支出	13 项
07 农业支出	070405 农业环境监测	1 项
08 林业支出	080301 森林管护	1 项
	080401 粮食折现挂账贴息	1 项
	080402 退耕现金	1 项
	080403 退耕还林粮食折现补贴	1 项
	080409 其他	1 项
10 工业交通等部门的事业费	1023 环境保护事业费	18 项
14 科学支出	140102 社会公益和农业研究	1 项
16 其他部门的事业费	1614 行政机关事业费	1 项
21 行政管理费	2102 政府机关经费	1 项
60 专项支出	6001 排污费支出	1 项

注：根据《2007 年支出功能分类科目与 2006 年支出科目对照表》整理得出。

2007 年设立的“211 环境保护”类只是一个初始设置，并没有完全囊括环境保护事宜，涵盖范围较为有限。为此，财政部和中国人民银行自 2008 年起，采用修改历年政府收支分类科目和在年中发布关于修订科目文件的方式，不断对“211 环境保护”类的款级和项级科目进行增删调整，力求使环境保护支出科目能够完整地涵盖环保的各个方面，使环保支出能够真正地用于最需要的领域。2008—2020 年财政部和中国人民银行对环境保护类支出的科目调整情况见表 3-3。

表 3-3　2008—2020 年环境保护财政支出科目变化情况

年份	删除科目	新增科目
2008	2110201 环境监测与信息；2110202 环境执法监察	2110403 自然保护区；2110404 生物及物种资源保护；21110 能源节约利用；21111 污染减排；2111101 环境监测与信息；2111102 环境执法监察；2111103 减排专项支出；2111199 其他污染减排支出；21112 可再生能源
2009	无	2110804 退牧还草工程建设；2111104 清洁生产专项支出；21113 资源综合利用；21114 能源管理事务；2111401 行政运行；2111402 一般行政管理事务；2111403 机关服务；2111404 能源预测预警；2111405 能源战略规划与实施；2111406 能源科技装备；2111407 能源行业管理；2111408 能源管理；2111409 石油储备发展管理；2111410 能源调查；2111411 信息化建设；2111450 事业运行；2111499 其他能源管理事务支出
2010	无	无
2011	2110307 排污费支出	2110307 排污费安排的支出；2110351 污染防治企业国有资本经营预算支出；2110901 已垦草原退耕还草；2111001 能源节约利用；2111201 可再生能源；2111301 资源综合利用；2119901 其他节能环保支出

年份	删除科目	新增科目
2012	无	21160 可再生能源电价附加收入安排的支出；2116001 风力发电补助；2116002 太阳能发电补助；2116003 生物质能发电补助；2116099 其他可再生能源电价附加收入安排的支出；21161 废弃电器电子产品处理基金支出
2013	2110351 污染防治企业国有资本经营预算支出	2110405 湖泊生态环境保护；21151 国有资本经营预算支出；2115101 企业兼并重组；2115102 国有经济和产业结构调整；2115103 企业改革脱困补助；2115104 重大科技创新；2115105 重大节能减排；2115106 境外投资与对外经济技术合作；2115107 安全生产保障能力建设；2115108 新兴产业发展；2115199 其他国有资本经营预算支出
2014	2110504 职工分流安置；2110505 职工培训；2110601 粮食折现挂账贴息；2110701 京津风沙源治理禁牧舍饲粮食折现补助；2110702 京津风沙源治理禁牧舍饲粮食费用补贴；2110801 退牧还草粮食折现补贴；2110802 退牧还草粮食费用补贴；2110803 退牧还草粮食折现挂账贴息；2115101 企业兼并重组；2115102 国有经济和产业结构调整；2115103 企业改革脱困补助；2115104 重大科技创新；2115105 重大节能减排；2115106 境外投资与对外经济技术合作；2115107 安全生产保障能力建设；2115108 新兴产业发展	2111412 三峡库区移民专项支出；2111413 农村电网建设；2115101 国有经济结构调整支出；2115102 重点项目支出；2115103 产业升级与发展支出；2115104 境外投资及对经济技术合作支出；2115105 困难企业职工补助支出；2116101 回收处理费用补贴；2116102 信息系统建设；2116103 基金征管经费；2116104 其他废弃电器电子产品处理基金支出

年份	删除科目	新增科目
2015	2113 资源综合利用；211301 资源综合利用；2115102 重点项目支出；2115103 产业升级与发展支出；2115104 境外投资及对外经济技术合作支出；2115105 困难企业职工补助支出	21113 循环经济；2111301 循环经济；21115 江河湖库流域治理与保护；2111501 水源地建设与保护；2111502 河流治理与保护；2111503 湖库生态环境保护；2111504 地下水修复与保护；2111599 其他江河湖库流域治理与保护；2115102 公益性设施投资补助支出；2115103 战略性产业发展支出；2115104 生态环境保护支出；2115105 支持科技进步支出；2115106 保障国际经济安全支出；2115107 对外投资合作支出；2115108 改革成本支出
2016	2110405 湖泊生态环境保护；2111412 三峡库区移民专项支出	2110302 水体
2017	无	无
2018	2110307 排污费安排的支出	2110407 停伐补助
2019	无	无
2020	2110403 自然保护区支出	2110108 应对气候变化管理事务支出

资料来源：2007—2020 年政府收支分类科目。

由表 3-3 可知，除 2010 年、2017 年、2019 年外，几乎每年都会做出调整，以保证环保支出的功能性与时效性，并在 2011 年完成由“环境保护”到“节能环保”质的转变，使得我国政府财政生态环境支出的支持范围更加开阔，功能更加全面，内容更加翔实，效果更加显著。这也从侧面证明了政府对生态环境保护工作的重视。

除“211 节能环保”科目外，其他科目中也有用于生态环境保护方面的支出类别，如“213 农林水”支出类下的“江河湖库水系综合整治”。诸如此类，也被纳入本书研究范围。经整理，纳入研究范围的财政生态环境支出所包括的类、款、项情况，详见附表。

3.1.1.2 支出现状

（1）支出规模

2010—2019 年[①]，全国财政累计生态环境支出约 6.38 万亿元，支出规模呈逐年增长态势(图 3-1)。年支出额由 3 249.5 亿元增长至 10 312.44 亿元，增长 2.2 倍，年均支出约 6 384.1 亿元。从增速看，年均增长率（13.7%）高于全国财政支出平均增长率（11.5%）2.2 个百分点，分别在 2015 年、2016 年达到了增长高峰（22.0%）和增长低谷（2.0%）。

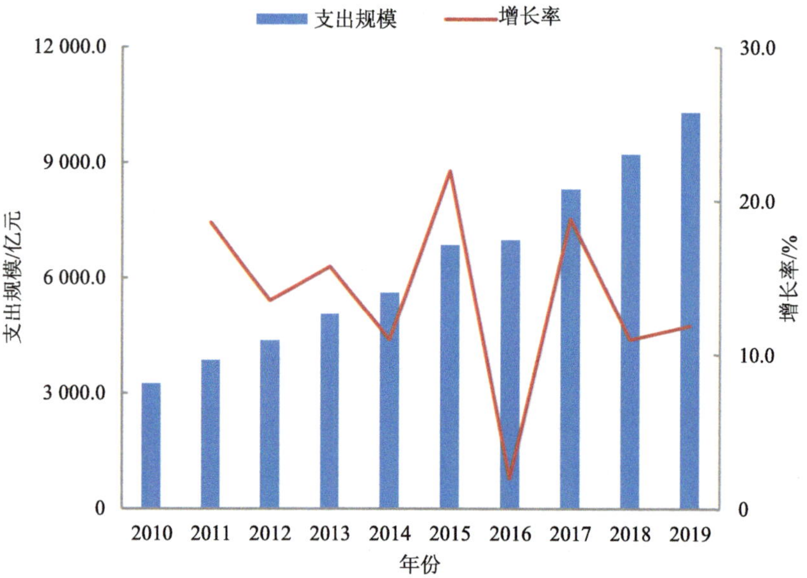

图 3-1 2010—2019 年全国财政生态环境支出规模及增长率

从相对规模看（图 3-2），全国财政生态环境支出占财政总支出比重呈波动上升趋势，占比为 3.47%～4.32%，2011—2013 年出现短暂下降，

① 2007—2009 年因公开数据不全面，暂未纳入研究范围。

并在之后年份逐渐回升，至 2019 年占比达到 4.32%；占国内生产总值（GDP）比重总体较为稳定，为 0.79%～1.04%，2010—2013 年基本稳定在 0.8%左右，之后略有上升，至 2019 年占比达到 1.04%。

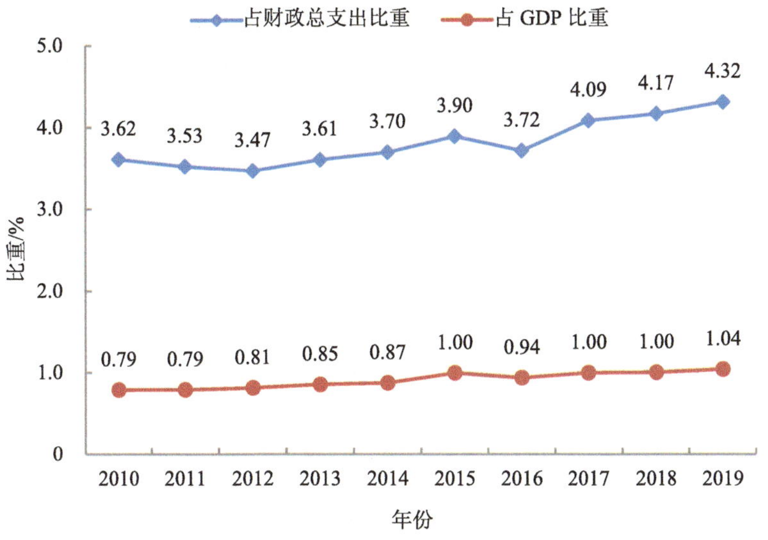

图 3-2　2010—2019 年全国财政生态环境支出占财政总支出、占 GDP 的比重

（2）支出结构

根据财政支出使用去向，生态环境支出包括环境污染防治、生态保护、能源资源节约利用和其他四个方面。2010—2019 年，环境污染防治累计支出 2.02 万亿元，支出额逐年增加，尤其《大气污染防治行动计划》（以下简称“大气十条”）、《水污染防治行动计划》（以下简称“水十条”）、《土壤污染防治行动计划》（以下简称“土十条”）相继发布后，支出规模快速增长，从 2013 年的 1 442.0 亿元增长至 2019 年的 3 642.5 亿元，增长率分别在 2015 年（19.1%）、2017 年（24.3%）、2018 年（23.9%）出现快速增长；生态保护累计支出 2.88 万亿元，支出额同样逐年增加，从 2010 年的 1 427.7 亿元增长至 2019 年的 4 233.1 亿元；能源资源节约利用累计支出 0.94 万亿元，以 2015 年为分界，之前年份呈波动上升趋势，从 566.4 亿元增长至 1 371.2 亿元，之后呈下降趋势，降至 2019 年的 1 052.1 亿元（图 3-3）。

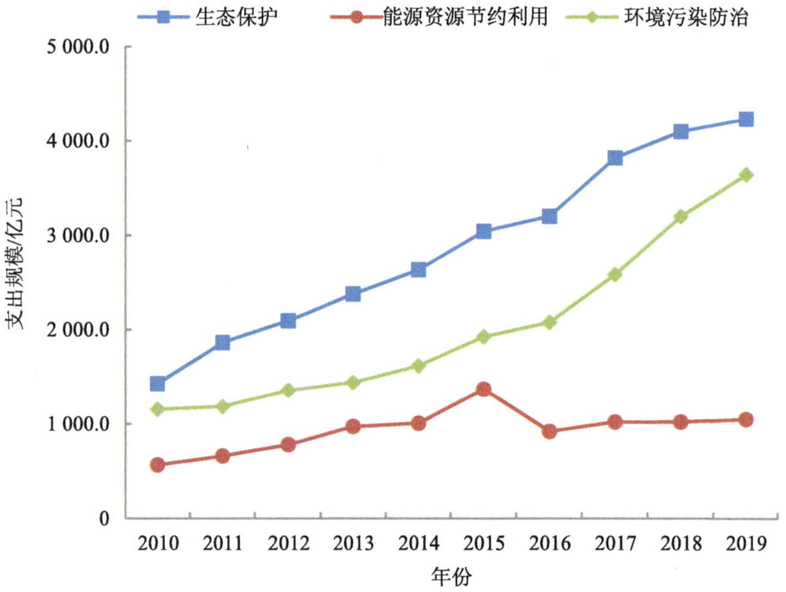

图 3-3　2010—2019 年全国财政生态环境支出各子项支出规模

从各项支出占比变化看（图 3-4），环境污染防治支出占比变化大致呈现“U”形特征，生态保护和能源资源节约利用支出占比呈不同程度的降低趋势。具体来看，环境污染防治支出占比在 2015 年前波动下降，从 2010 年的 35.5%降至 2015 年的 28.1%，之后逐渐上升，提升至 2019 年的 35.3%；生态保护和能源资源节约利用支出占比分别从 2010 年的 43.9%、17.4%波动降至 2019 年的 41.0%、10.2%，在环境污染防治支出占比上升的同时，这两项支出占比略有下降。

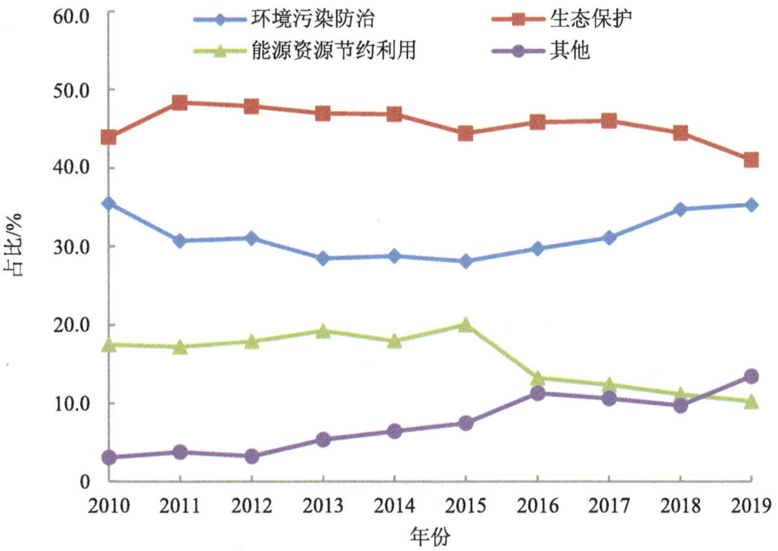

图 3-4　2010—2019 年全国财政生态环境支出各子项占比情况

1）环境污染防治支出结构

根据收支分类科目，环境污染防治支出包括环境保护管理事务、环境监测与监察、污染防治和污染减排 4 款。其中，污染防治科目支出增长快速，从 2010 年的 720.2 亿元增长至 2019 年的 2 629.6 亿元，增长约 2.7 倍，占比也从 62.4%上升至 72.2%；2010—2019 年，环境保护管理事务支出也有较大增长，从 101.9 亿元增长至 454.0 亿元，占比从 8.8% 增长至 12.5%；污染减排、环境监测与监察两项支出也有不同程度增长，但总体较为稳定，分别从 303.8 亿元、28.2 亿元增长至 460.7 亿元、98.2 亿元（表 3-4）。

表 3-4 2010—2019 年环境污染防治支出款类科目支出情况

年份	环境保护管理事务		环境监测与监察		污染防治		污染减排		合计
	支出/亿元	占比/%	支出/亿元	占比/%	支出/亿元	占比/%	支出/亿元	占比/%	支出/亿元
2010	101.9	8.8	28.2	2.4	720.2	62.4	303.8	26.3	1 154.1
2011	123.6	10.4	39.2	3.3	766.4	64.7	255.0	21.5	1 184.2
2012	144.1	10.6	37.1	2.7	820.7	60.4	356.5	26.2	1 358.4
2013	166.0	11.5	43.9	3.0	904.8	62.7	327.4	22.7	1 442.0
2014	185.1	11.4	49.4	3.1	1 084.5	67.0	299.2	18.5	1 618.1
2015	242.3	12.6	55.2	2.9	1 314.2	68.2	315.5	16.4	1 927.2
2016	251.0	12.1	63.3	3.0	1 447.6	69.7	315.3	15.2	2 077.2
2017	320.9	12.4	71.8	2.8	1 883.0	72.9	306.5	11.9	2 582.3
2018	355.8	11.1	94.8	3.0	2 441.3	76.3	309.5	9.7	3 201.3
2019	454.0	12.5	98.2	2.7	2 629.6	72.2	460.7	12.6	3 642.5

从项类支出变化看（表 3-5），环境污染防治支出中，用于大气和水体治理的支出增长较快，分别从 27.4 亿元、364.9 亿元增长至 682.6 亿元、1 400.0 亿元，水体治理支出占污染防治支出超过一半。大气治理支出从 2013 年实施“大气十条”开始实现较快增长，当年增速达到 136.6%。除 2016 年增幅较小（3.3%）外，“大气十条”实施五年间（2013—2017 年）增幅均较大，从 69.1 亿元增至 579.6 亿元，增长约 7.4 倍，之后年份呈现较平稳特征；水体治理支出也呈现同样特征，“水十条”实施期间（2015—2019 年）保持快速增长，从 534.6 亿元增至 1 400.0 亿元，2015 年当年增速达 13.3%，之后每年保持较高增速，2018 年增速达到 48.2%。用于固体废物与化学品、辐射等其他领域的支出总体较平稳。

表 3-5　2010—2019 年环境污染防治支出中各款项支出情况

单位：亿元

类	款	项	科目名称	2010 年	2011 年	2012 年	2013 年	2014 年	2015 年	2016 年	2017 年	2018 年	2019 年
			环境污染防治支出合计	1 154.1	1 184.2	1 358.4	1 442.0	1 618.1	1 927.2	2 077.2	2 582.3	3 201.3	3 642.5
	01		环境保护管理事务	101.9	123.6	144.1	166.0	185.1	242.3	251.0	320.9	355.8	454.0
		01	行政运行	61.2	71.8	82.6	94.0	101.8	124.2	146.6	171.2	187.1	205.2
		02	一般行政管理事务	12.4	14.2	14.8	15.9	17.6	17.7	19.9	28.8	39.8	48.1
		03	机关服务	1.2	1.5	1.8	2.5	3.0	4.0	3.1	3.8	3.7	4.4
		04	环境保护宣传	2.2	2.8	2.9	3.3	3.7	3.9	4.8	5.5	6.4	7.2
211		05	环境保护法规、规划及标准	2.3	2.1	2.3	2.3	2.5	2.8	3.7	3.9	5.1	6.0
		06	环境国际合作及履约	0.7	1.0	0.9	0.8	0.9	0.9	1.0	1.0	1.1	0.9
		07	环境保护行政许可	0.6	0.5	0.4	0.4	0.4	0.4	0.4	2.8	1.8	2.0
		08	应对气候变化管理事务*										1.1
		99	其他环境保护管理事务支出	21.3	29.7	38.6	46.7	55.2	88.4	71.5	103.8	110.9	179.2
	02		环境监测与监察	28.2	39.2	37.1	43.9	49.4	55.2	63.3	71.8	94.8	98.2
		03	建设项目环评审查与监督	2.5	3.2	3.1	3.7	3.3	3.5	5.8	4.6	4.1	5.7
		04	核与辐射安全监督	2.3	3.7	5.0	5.8	7.0	7.9	6.8	8.3	8.9	8.1
		99	其他环境监测与监察支出	23.4	32.3	29.0	34.3	39.0	43.9	50.7	58.9	81.7	84.3

类	款	项	科目名称	2010 年	2011 年	2012 年	2013 年	2014 年	2015 年	2016 年	2017 年	2018 年	2019 年
	03		污染防治	720.2	766.4	820.7	904.8	1 084.5	1 314.2	1 447.6	1 883.0	2 441.3	2 629.6
		01	大气	27.4	26.4	29.2	69.1	168.5	298.1	308.0	579.6	695.4	682.6
		02	水体	364.9	386.2	408.1	420.8	471.8	534.6	647.8	827.3	1 226.3	1 400.0
		03	噪声	0.5	0.6	1.5	0.1	0.3	0.2	0.8	0.27	0.4	0.7
		04	固体废物与化学品	87.1	94.6	80.7	75.7	65.4	66.9	61.0	64.0	84.2	87.8
		05	放射源和放射性废物监管	0.3	0.7	0.6	0.7	0.5	0.9	0.9	0.9	1.2	1.2
		06	辐射	0.1	0.1	0.2	0.1	0.1	0.1	0.1	0.4	0.3	0.5
		07	排污费	179.7	189.7	196.7	197.7	178.2	180.3	165.4			
		99	其他污染防治支出	60.3	68.2	103.6	140.6	199.9	233.1	263.4	411.3	433.5	456.8
	11		污染减排	303.8	255.0	356.5	327.4	299.2	315.5	315.3	306.5	309.5	460.7
		01	环境监测与信息	25.2	28.3	32.3	36.1	40.6	45.6	50.8	65.1	80.0	91.3
		02	环境执法监察	9.7	10.4	15.6	15.4	16.4	14.1	15.6	18.9	22.5	44.8
		03	减排专项支出	254.1	191.8	280.3	237.6	187.8	201.7	171.0	131.5	108.8	152.0
		04	清洁生产专项支出	2.7	4.7	5.9	8.4	8.7	3.8	4.3	8.5	9.9	6.2
		99	其他污染减排支出	12.1	19.9	22.4	29.9	45.6	50.2	73.7	82.5	88.4	166.4

注：* 此项是 2019 年新增科目。

2007—2009 年，未公开环境污染防治各款项支出情况；表中 2017 年污染防治支出科目总计与细分项加和不等（数据来自 2017 年全国财政决算）。

2）生态保护支出结构

根据收支分类科目，生态保护支出包括自然生态保护、天然林保护、退耕还林、风沙荒漠治理、退牧还草、已垦草原退耕还草、林业和草原七款及农业资源保护修复与利用、水土保持、水资源节约管理与保护、水质监测、国土整治、海洋环境保护与监测、海岛和海域保护七项。从各款项支出规模看（表 3-6），生态保护支出科目较多、支出差异较大，从几亿元至百亿元不等。其中，自然生态保护、天然林保护、退耕还林、农业资源保护修复与利用、林业和草原款项大部分年份支出超过 100 亿元，2010—2019 年，以上款项年平均支出分别为 352.9 亿元、208.6 亿元、283.4 亿元、233.8 亿元、1 465.9 亿元；不足 10 亿元规模的款项包括已垦草原退耕还草、海洋环境保护与监测两个款项，年平均支出分别为 1.8 亿元、4.5 亿元；其余类别支出规模为 10 亿～100 亿元。

3）能源资源节约利用支出结构

能源资源节约利用支出包括能源节约利用、可再生能源、循环经济（资源利用）、能源管理事务四款（表 3-7），其中，用于能源节约利用支出的规模最高，其次是能源管理事务，可再生能源和循环经济（资源利用）支出规模较低（图 3-5）。2010—2019 年，能源节约利用支出规模快速增长，从 401.9 亿元增长至 677.8 亿元，增长了 0.7 倍，占比保持在 60%左右；能源管理事务支出在 2010—2013 年规模较低（分别为 2.4 亿元、24.3 亿元、6.5 亿元、6.7 亿元）。2014 年开始增加农村电网建设科目，支出规模增幅较大，基本保持在 200 亿元以上（除 2016 年外），占比也达到 20%以上（除 2016 年外）；可再生能源支出规模呈现先升后降趋势，从 2010 年的 117.9 亿元增长至 2013 年的 197.1 亿元，然后至 2018 年逐渐下降，2019 年为 79.0 亿元，占比从 20%以上降至最低 5.2%；循环经济（资源利用）支出规模变化较小，从 2010 年的 44.2 亿元小幅增长至 2019 年的 54.0 亿元，占比从 7.8%降至 5.1%。

表 3-6　2010—2019 年生态保护支出中各款项支出情况

单位：亿元

类	款	项	科目名称	2010 年	2011 年	2012 年	2013 年	2014 年	2015 年	2016 年	2017 年	2018 年	2019 年
			生态保护支出合计	1 427.7	1 862.1	2 093.4	2 376.3	2 632.8	3 043.1	3 202.7	3 819.8	4 098.8	4 233.1
211	04		自然生态保护	104.4	136.2	170.1	224.6	309.3	305.4	326.5	537.1	616.6	798.9
		01	生态保护	34.1	37.4	41.7	65.5	64.6	83.1	82.2	149.9	173.1	210.7
		02	农村环境保护	52.9	77.6	106.9	112.7	159.0	183.3	187.1	309.5	352.8	444.7
		03	自然保护区	7.2	6.0	5.7	8.7	8.7	8.2	5.9	17.2	22.6	34.6
		04	生物及物种资源保护	0.1	0.3	0.2	0.8	0.5	0.8	2.0	2.3	1.1	1.9
		99	其他自然生态保护支出	10.1	14.9	15.6	37.0	76.5	30.0	49.4	58.2	67.0	107.0
	05		天然林保护	74.5	149.8	160.2	175.2	170.6	229.9	274.1	273.7	282.7	295.1
		01	森林管护	24.0	59.6	62.7	60.4	55.9	62.7	80.3	47.5	47.1	60.9
		02	社会保险补助	20.4	41.4	45.1	70.7	49.4	63.7	57.0	54.5	64.4	61.9
		03	政策性社会性支出补助	14.5	34.6	36.1	29.8	35.1	46.9	35.3	44.2	47.2	42.1
		06	天然林保护工程建设	12.9	11.4	13.5	11.6	18.3	22.7	14.2	36.4	33.3	30.2
		99	其他天然林保护支出	2.6	2.8	2.9	2.7	11.9	34.0	87.3	91.1	48.2	21.1
	06		退耕还林	371.3	308.8	290.9	284.5	290.3	334.8	276.0	252.0	240.1	185.0
		02	退耕现金	80.2	111.8	109.0	123.4	140.1	144.1	161.4	143.2	141.3	109.8

类	款	项	科目名称	2010 年	2011 年	2012 年	2013 年	2014 年	2015 年	2016 年	2017 年	2018 年	2019 年
		03	退耕还林粮食折现补贴	131.5	60.0	43.0	16.0	5.6	11.3	8.5	8.6	4.3	4.7
		04	退耕还林粮食费用补贴	4.1	2.5	3.1	4.0	4.3	3.7	3.4	3.1	4.2	1.7
		05	退耕还林工程建设	15.8	14.8	13.3	14.0	9.2	31.1	43.7	34.2	33.4	29.3
		99	其他退耕还林支出	139.7	119.7	122.6	127.0	131.1	144.6	59.1	62.4	56.9	39.5
	07		风沙荒漠治理	36.3	34.6	40.3	39.0	40.6	42.4	43.5	45.3	17.3	11.4
		04	京津风沙源治理工程建设	25.3	20.1	20.2	17.0	18.4	20.6	24.7	20.8	0.0	7.5
		99	其他风沙荒漠治理支出	11.0	14.5	20.2	22.0	22.3	21.8	18.8	24.4	0.0	3.9
	08		退牧还草	34.0	20.3	20.3	24.4	17.0	18.9	24.0	20.9	18.6	16.9
		04	退牧还草工程建设	19.7	19.3	19.4	24.0	16.8	18.1	22.5	19.0	0.0	16.8
		99	其他退牧还草支出	14.3	1.0	0.9	0.4	0.3	0.8	1.4	1.9	0.0	0.1
	09		已垦草原退耕还草	0.0	0.0	0.0	0.0	0.0	0.2	4.3	4.0	3.9	0.0
213	01	35	农业资源保护修复与利用	8.6	163.2	185.7	208.3	222.8	254.0	256.2	300.6	323.3	415.1
	02		林业和草原	667.3	876.5	1 019.2	1 204.3	1 348.8	1 613.4	1 696.6	1 724.9	1 931.3	2 007.7
	02	01	行政运行	72.5	86.2	94.2	107.8	118.7	142.8	167.0	177.8	193.4	193.6
	02	02	一般行政管理事务	10.15	11.2	11.5	15.2	15.4	15.7	16.8	17.6	17.2	15.8
	02	03	机关服务	0.8	1.5	1.5	1.9	1.7	1.6	2.2	2.0	2.0	2.4
	02	04	事业机构	93.9	115.5	131.0	145.1	155.4	187.7	204.0	215.9	246.5	258.5

类	款	项	科目名称	2010 年	2011 年	2012 年	2013 年	2014 年	2015 年	2016 年	2017 年	2018 年	2019 年
	02	05	森林培育	129.0	180.7	237.3	279.5	297.7	413.0	428.4	365.8	462.1	487.1
	02	06	技术推广与转化	15.1	15.7	17.6	19.9	18.6	18.9	15.5	15.2	16.0	16.4
	02	07	森林资源管理	4.4	7.0	6.2	7.3	10.7	20.8	37.3	69.9	83.6	91.4
	02	08	森林资源监测	1.9	2.0	2.2	3.4	3.6	4.9	5.1	9.2	6.6	
	02	09	森林生态效益补偿	111.9	144.7	153.5	199.0	215.3	231.0	243.1	228.0	231.3	233.7
	02	10	自然保护区等管理	3.6	4.6	9.1	12.2	12.4	14.7	19.2	16.9	16.8	30.7
	02	11	动植物保护	3.3	4.4	5.2	5.6	6.9	8.4	10.8	13.5	14.4	15.2
	02	12	湿地保护	8.2	9.2	10.1	11.2	22.1	25.7	25.9	27.3	29.2	34.7
	02	13	执法与监督	11.8	16.2	17.8	19.8	21.2	23.8	25.9	25.2	27.7	26.6
	02	17	防沙治沙	2.8	6.1	4.5	11.1	9.4	11.4	7.3	8.5	6.3	13.9
	02	20	对外合作与交流	0.6	0.6	0.6	0.7	0.7	0.8	1.7	1.8	2.0	2.4
	02	21	产业化管理	10.0	14.3	14.1	16.6	20.5	24.8	20.1	18.4	22.5	25.1
	02	23	信息管理	0.6	0.6	1.1	0.9	1.2	1.7	1.8	1.4	2.2	2.2
	02	26	林区公共支出	8.0	10.3	9.4	9.3	9.7	11.4	13.0	13.1	12.5	15.2
	02	27	贷款贴息	6.8	10.6	12.5	16.6	11.5	10.6	7.7	6.6	6.6	8.5
	02	32	成品油价格改革对林业补贴	15.4	50.1	61.7	46.3	30.7	37.3	2.2	0.2	0.1	0.0
	02	34	防灾减灾	0.6	0.9	0.4	0.5	61.5	72.1	69.9	71.9	79.8	67.1

类	款	项	科目名称	2010年	2011年	2012年	2013年	2014年	2015年	2016年	2017年	2018年	2019年
	02	35	国家公园	—	—	—	—	—	—	—	—	—	12.1
	02	36	草原管理	—	—	—	—	—	—	—	—	—	4.6
	02	37	行业业务管理	—	—	—	—	—	—	—	—	—	9.3
	02	99	其他林业和草原支出	156.0	184.2	218.0	274.4	304.0	334.4	371.8	418.7	452.5	441.4
	03	10	水土保持	46.3	51.2	77.6	76.6	79.2	81.4	85.1	72.9	69.6	72.8
	03	11	水资源节约管理与保护	30.3	42.8	47.3	47.9	50.9	55.7	81.4	121.4	133.8	138.1
	03	12	水质监测	2.9	3.0	3.4	3.7	4.3	8.5	6.2	7.2	10.2	8.5
220	01	10	国土整治	46.9	71.9	73.9	83.1	92.6	94.4	91.1	424.3	428.5	249.4
	02	05	海洋环境保护与监测	5.1	3.9	4.6	4.4	6.5	4.3	3.9	5.0	5.5	2.3
	02	18	海岛和海域保护	0.0	0.0	0.0	0.0	0.0	0.0	34.0	30.7	17.4	32.0

表 3-7　2010—2019 年能源资源节约利用支出中各款项支出情况

能源资源节约利用支出合计/亿元		2010 年	2011 年	2012 年	2013 年	2014 年	2015 年	2016 年	2017 年	2018 年	2019 年
		566.4	661.0	780.9	973.6	1 007.7	1 371.2	921.8	1 022.2	1 022.1	1 052.1
能源节约利用	支出/亿元	401.9	439.4	538.7	682.0	580.7	833.5	622.7	668.3	645.6	677.8
	占比/%	71.0	66.5	69.0	70.0	57.6	60.8	67.6	65.4	63.2	64.4
可再生能源	支出/亿元	117.9	141.6	147.6	197.1	146.6	164.7	86.1	53.0	56.7	79.0
	占比/%	20.8	21.4	18.9	20.2	14.5	12.0	9.3	5.2	5.5	7.5
循环经济（资源利用）	支出/亿元	44.2	55.6	88.1	87.8	53.8	71.7	61.6	67.3	59.9	54.0
	占比/%	7.8	8.4	11.3	9.0	5.3	5.2	6.7	6.6	5.9	5.1
能源管理事务	支出/亿元	2.4	24.3	6.5	6.7	226.7	301.3	151.4	233.6	259.9	241.4
	占比/%	0.4	3.7	0.8	0.7	22.5	22.0	16.4	22.9	25.4	22.9

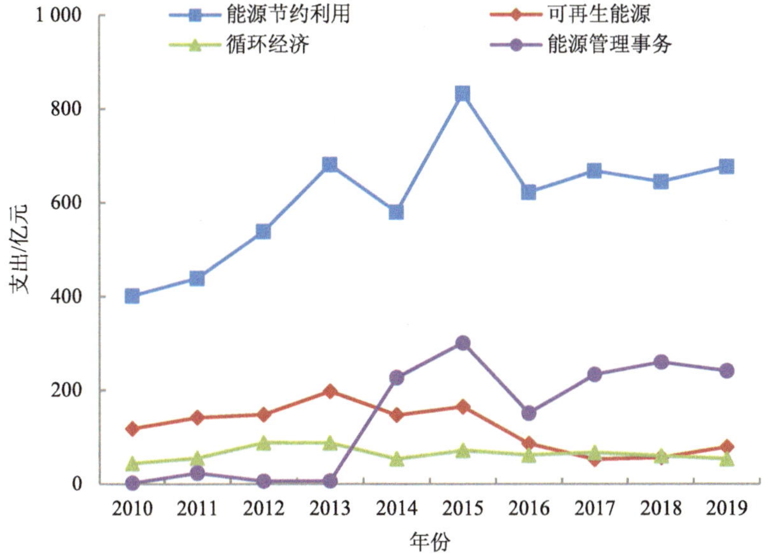

图 3-5　2010—2019 年能源资源节约利用支出各子项支出规模变化

（3）中央和地方支出情况

按照政府级别分类，财政生态环境支出主要由中央财政本级支出、中央财政对地方财政转移支付和地方财政本级支出三部分组成。以下分别从中央财政（含本级和转移支付）和地方本级财政两部分分析中央和地方财政生态环境支出情况。

1）中央财政生态环境支出情况

2010—2019 年，中央财政生态环境累计支出约 3.05 万亿元，占全国财政生态环境总支出的 47.8%，支出规模从 1 901.0 亿元增长至 4 063.4 亿元，分别在 2013 年（−2.3%）、2016 年（−0.2%）出现了下降，其余年份呈增长态势。2019 年支出规模超过 4 000 亿元，较上年增加 265.8 亿元，增长了 7.0%，占全国财政生态环境总支出的 39.4%（图 3-6）。

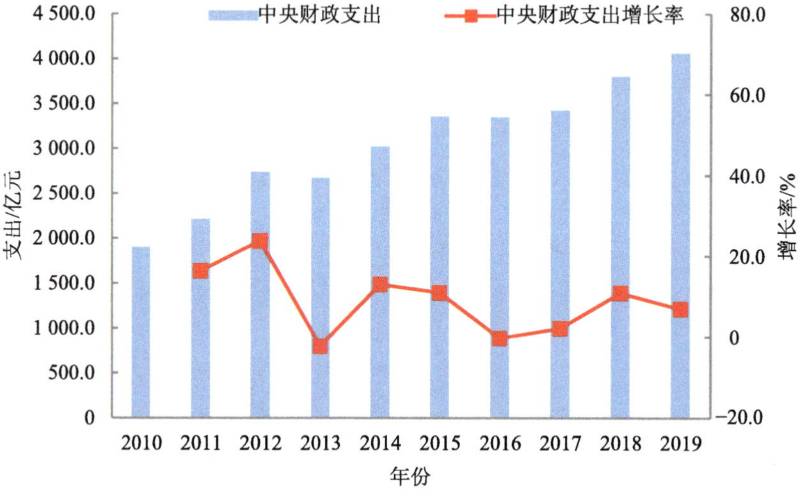

图 3-6 2010—2019 年中央财政生态环境支出规模情况

在支出渠道上，除少量通过本级支出外，大部分资金通过一般性转移支付、专项转移支付方式支持生态环境设施建设。由表 3-8 可知，中央对地方转移支付由 2010 年的 1 814.4 亿元增加到 2019 年的 3 613.8 亿元，转移支付比例始终保持在 80%以上，有的年份甚至高达 95%以上。截至 2020 年年底，中央财政通过一般性转移支付的资金为 1 项，通过一般性转移支付下的共同财政事权转移支付的资金共 6 项，通过专项转移支付的资金共 7 项。2016—2020 年资金渠道及资金规模见表 3-9。

表 3-8 2010—2018 年生态环境领域中央对地方转移支付情况

年份	中央对地方转移支付金额/亿元	转移支付占中央支出的比重/%
2010	1 814.4	95.4
2011	2 121.4	95.9
2012	2 652.4	96.9

年份	中央对地方转移支付金额/亿元	转移支付占中央支出的比重/%
2013	2 551.2	95.4
2014	2 650.0	87.6
2015	2 930.0	87.3
2016	3 025.7	90.3
2017	3 042.6	88.9
2018	3 328.5	87.6
2019	3 613.8	88.9

表 3-9　2016—2020 年中央生态环境部分转移支付情况

单位：亿元

序号	资金渠道	2016 年	2017 年	2018 年	2019 年	2020 年
一	一般性转移支付	570.0	627.0	721.0	811.0	794.5
（一）	重点生态功能区转移支付资金	570.0	627.0	721.0	811.0	794.5
二	共同财政事权转移支付	1 403.3	1 466.0	1 690.3	1 716.8	1 738.1
（一）	林业草原生态保护恢复资金	433.7	410.2	416.0	408.8	470.2
（二）	林业改革发展资金	418.4	464.2	489.7	502.8	536.2
（三）	农业资源及生态保护补助资金	197.6	210.6	202.6	175.1	254.6
（四）	节能减排补助资金	317.7	320.4	521.4	520.1	432.3
（五）	海洋生态保护修复资金	25.9	20.6	20.6	30.0	35.0
（六）	农业生产发展资金	10.0	40.0	40.0	80.0	9.8
三	专项转移支付	562.5	534.4	663.9	858.0	795.0
（一）	大气污染防治资金	114.0	160.0	200.0	250.0	250.0
（二）	水污染防治资金	131.0	115.0	150.0	190.0	197.0
（三）	土壤污染防治专项资金	95.0	65.4	35.0	50.0	40.0
（四）	农村环境整治资金	60.0	60.0	60.0	42.0	36.0
（五）	重点生态保护修复治理资金	80.0	80.0	100.0	120.0	102.0
（六）	城市管网及污水治理补助资金	0.0	0.0	50.0	120.0	120.0
（七）	清洁能源发展专项资金	82.5	54.0	68.9	86.0	50.0

从相对规模看，2010—2019 年中央财政生态环境支出占中央财政总支出的比例为 3.58%～4.27%。2013 年开始略有下降，2019 年下降至 3.71%（图 3-7）。

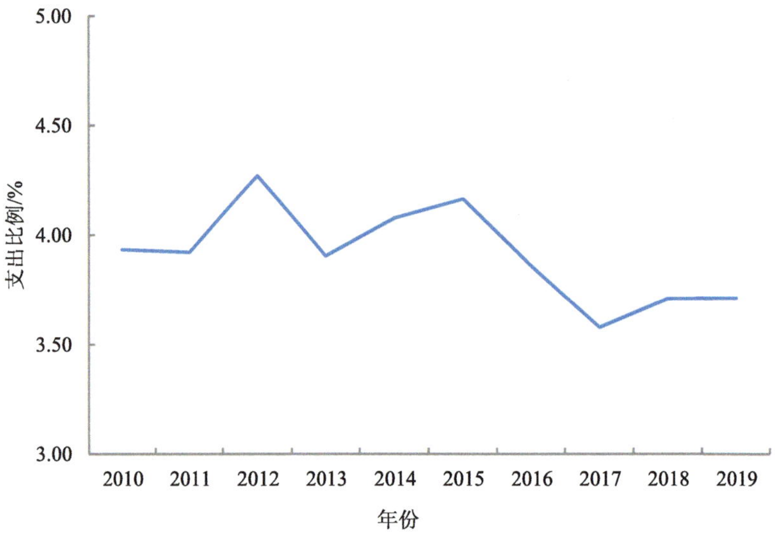

图 3-7　2010—2019 年中央财政生态环境支出占中央财政总支出比例情况

根据支出使用去向，中央财政生态环境支出包括环境污染防治、生态保护、能源资源节约利用和其他四个方面。2010—2019 年，中央财政用于以上四方面的年均支出分别为 600.8 亿元、1 705.4 亿元、692.1 亿元、55.9 亿元。从支出规模变化和结构看（图 3-8），生态保护支出占比一直较高，为 47.3%～61.0%；随后是能源资源节约利用支出，占比为 20.0%～31.5%；环境污染防治支出占比较低，约为 16.0～24.7%。

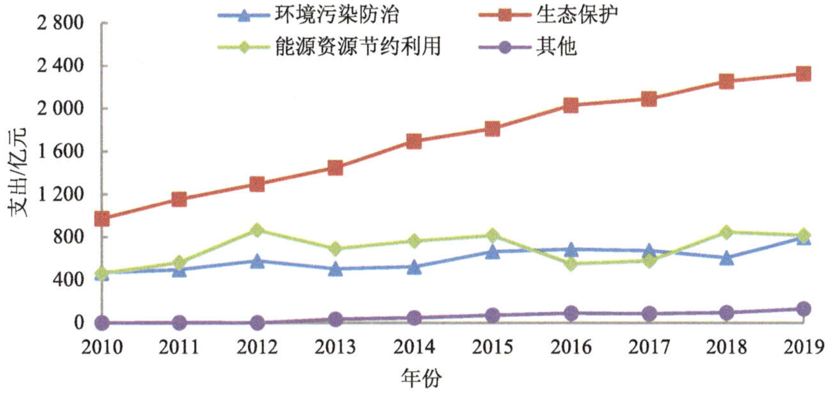

图 3-8　2010—2019 年中央财政生态环境各子项支出规模

2）地方财政生态环境支出情况

2010—2019 年，地方本级财政累计支出 3.36 万亿元，占全国财政生态环境总支出的52.2%，支出规模从1 348.5亿元增长至6 249.0亿元，增长了约 3.6 倍，各年均呈增长态势，尤其是 2015 年和 2017 年，增速均超过 30%（图 3-9），说明地方政府支出力度不断加大。

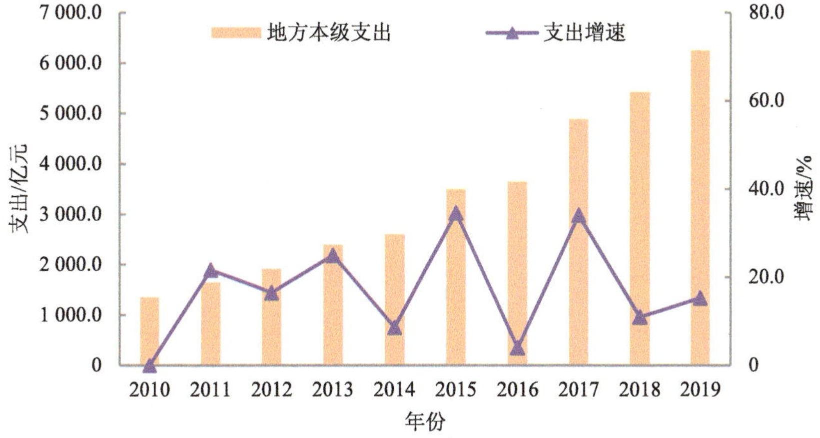

图 3-9　2010—2019 年地方本级财政生态环境支出情况

与中央财政不同，地方财政生态环境支出占地方财政总支出的比例呈波动上升趋势（图 3-10），从 2010 年的 2.90%增长至 2019 年的 4.83%。

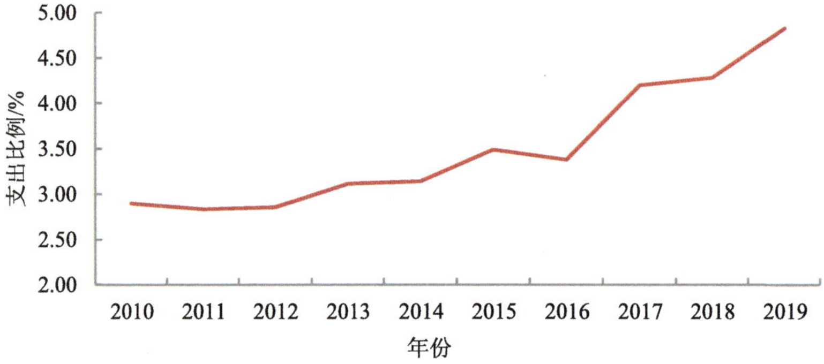

图 3-10　2010—2019 年地方财政生态环境支出占地方财政总支出比例

地方财政支出结构与中央财政支出结构略有不同（图 3-11），以环境污染防治为主，其次是生态保护。近年来，地方财政用于环境污染防治方面的支出持续增长，从 2010 年的 684.4 亿元增长至 2019 年的 2 845.5 亿元；生态保护和能源资源节约利用支出也呈波动增长趋势，分别从 458.2 亿元、105.8 亿元增长至 1 910.9 亿元、238.8 亿元。

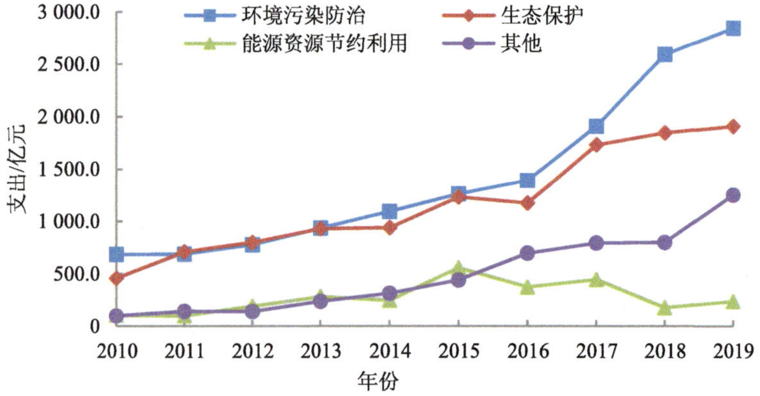

图 3-11　2010—2019 年地方财政生态环境各子项支出规模

受各省（区、市）经济发展状况、财政收支规模、地质地貌及资源分布等方面因素影响，各省（区、市）的生态环境支出数额也存在较大差异。现根据各省（区、市）公布的一般公共预算支出情况，以用于节能环保科目的支出为例开展分析。通过使用 SPSS 数据分析软件，分别对 31 个省（区、市）2007—2018 年、2016—2018 年的节能环保支出平均值进行 Q 型聚类分析。分类结果见表 3-10、图 3-12。

表 3-10　2007—2018 年 31 个省（区、市）节能环保支出平均值聚类分析结果

省（区、市）	平均值/亿元	省（区、市）	平均值/亿元	省（区、市）	平均值/亿元	省（区、市）	平均值/亿元
广东	255.8	北京	188.7	河南	144.7	上海	88.6
		河北	189.2	山东	159.2	江西	75.2
		江苏	205.5	四川	143.2	贵州	77.8
				浙江	108.7	福建	64.6
				安徽	106.1	甘肃	76.9
				湖南	115.1	辽宁	83.2
				云南	108.6	广西	64.3
				湖北	107.7	天津	45.8
				内蒙古	126.0	新疆	57.0
				陕西	108.2	青海	49.8
				黑龙江	106.8	宁夏	36.2
				重庆	104.4	海南	25.3
				山西	95.0	西藏	25.0
				吉林	96.4		

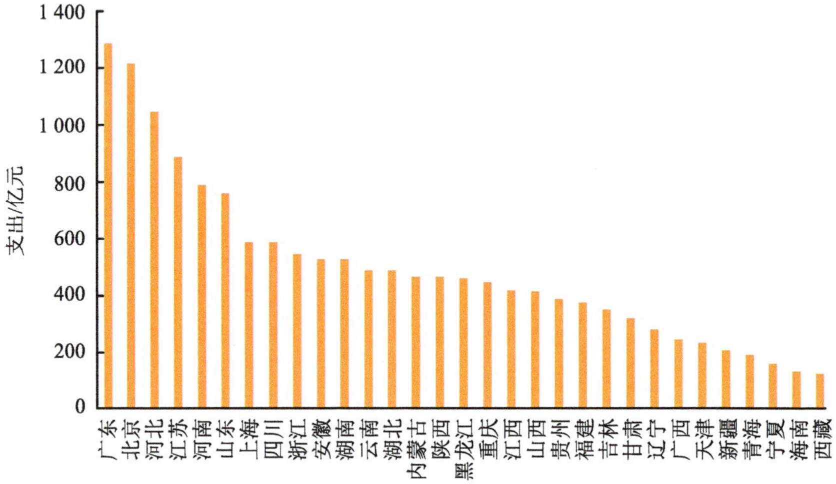

图 3-12　2016—2018 年 31 个省（区、市）节能环保支出情况

由上述分析可知，各省（区、市）节能环保支出额差异较大，存在不平衡问题，平均值最大的是广东（255.8 亿元），最小的是西藏（25.0 亿元），其数额相差约 9 倍；东部地区支出额明显高于中、西部地区，2016—2018 年累计支出前四位均为东部省份（广东、北京、河北、江苏），占比约为 30%，这说明经济发展水平对于节能环保支出的影响较大，经济越发达，财政收入越高，节能环保支出额也越高。

从相对规模看，2007—2018 年，各省（区、市）节能环保支出占财政总支出比例波动较大（图 3-13），占比为 0.2%～6.7%，从 2016 年开始较为稳定，占比为 0.3%～3.6%，不再有部分省份占比较高的情况出现。另外，根据 2018 年占比范围统计分类（图 3-14），有 77.4%的省份（24 个）占比为 0.3%～1.0%，12.9%的省份（4 个）占比为 1.0%～1.7%；6.5%的省份（2 个）占比为 1.7%～2.4%；3.2%的省份（1 个）占比为 2.4%～3.7%。

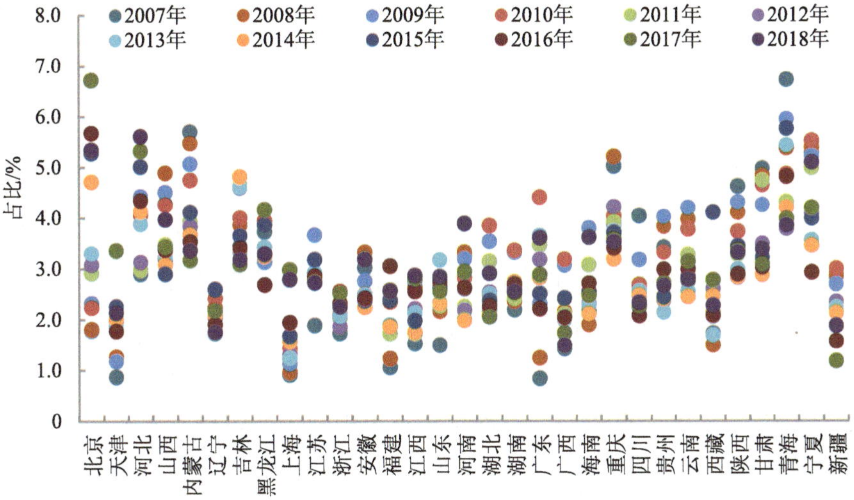

图 3-13　2007—2018 年各省（区、市）财政节能环保支出占财政总支出的比例情况

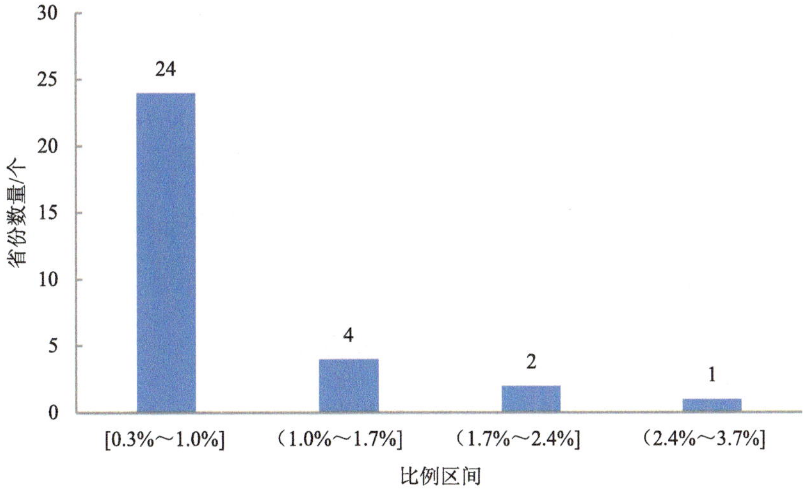

图 3-14　2018 年地方财政节能环保支出占比范围统计分类

3.1.2 政府性基金生态环境支出

（1）支出科目

财政生态环境支出从政府性基金预算列支的科目主要有 4 个，分别为可再生能源电价附加收入安排的支出、废弃电器电子产品处理基金支出、污水处理费安排的支出、船舶油污损害赔偿基金支出。根据《2020 年政府收支分类科目》，以上科目包括款项及说明见表 3-11。

表 3-11 政府性基金生态环境支出科目情况

科目编码	科目名称	说明
21160	可再生能源电价附加收入安排的支出	反映用可再生能源电价附加收入安排的支出
2116001	风力发电补助	反映用可再生能源电价附加收入安排的用于风力发电及其接网费用等相关方面的补助
2116002	太阳能发电补助	反映用可再生能源电价附加收入安排的用于太阳能光伏发电及其接网费用、公共独立电力系统运行和管理费用等相关方面的补助
2116003	生物质能发电补助	反映用可再生能源电价附加收入安排的用于生物质能发电及其接网费用等相关方面的补助
2116099	其他可再生能源电价附加收入安排的支出	反映用可再生能源电价附加收入安排的用于上述项目以外的支出
21161	废弃电器电子产品处理基金支出	反映用废弃电器电子产品处理基金收入安排的支出
2116101	回收处理费用补贴	反映用废弃电器电子产品处理基金安排的用于废弃电器电子产品回收处理费用的补贴支出
2116102	信息系统建设	反映用废弃电器电子产品处理基金安排的用于废弃电器电子产品回收处理和电器电子产品生产销售信息管理系统建设的支出

科目编码	科目名称	说明
2116103	基金征管经费	反映用废弃电器电子产品处理基金安排的用于基金征收管理经费支出
2116104	其他废弃电器电子产品处理基金支出	反映用上述项目以外的废弃电器电子产品处理基金支出
21214	污水处理费安排的支出	反映用污水处理费安排的支出
2121401	污水处理设施建设和运营	反映用污水处理费安排的用于污水处理设施建设和运营方面的支出
2121402	代征手续费	反映用污水处理费安排的代征手续费支出
2121499	其他污水处理费安排的支出	反映用污水处理费安排的其他支出
21468	船舶油污损害赔偿基金支出	反映用船舶油污损害赔偿基金收入安排的支出
2146801	应急处置费用	反映用船舶油污损害赔偿基金收入安排的用于减少油污损害发生的应急处置支出
2146802	控制清除污染	反映用船舶油污损害赔偿基金收入安排的用于控制和清除污染的支出
2146803	损失补偿	反映用船舶油污损害赔偿基金收入安排的用于补偿渔业、旅游业等直接经济损失的支出
2146804	生态恢复	反映用船舶油污损害赔偿基金收入安排的用于恢复海洋生态和天然渔业资源的支出
2146805	监视监测	反映用船舶油污损害赔偿基金收入安排的用于实施监视监测的支出
2146899	其他船舶油污损害赔偿基金支出	反映用船舶油污损害赔偿基金收入安排的用于除上述项目以外的支出

（2）支出现状

2012—2019 年[①]，全国财政政府性基金生态环境支出总计 6 628.29 亿元，呈现逐年增长趋势，从 146.2 亿元增长至 1 446.0 亿元，年均增长 38.7%。从支出结构看，可再生能源电价附加收入安排的支出规模最高，2019 年支出 858.95 亿元，占比 59.4%；其次为污水处理费安排的支出，为 552.02 亿元，占比 38.2%；废弃电器电子产品处理基金支出 34.84 亿元，占比 2.4%；船舶油污损害赔偿基金支出规模最小，仅为 0.17 亿元。从支出变化看，已从 2015 年前的高速增长阶段转为平稳增长阶段，2016 年降幅最大，增速从 68.0%降为 19.3%，至 2019 年降到 10%以下，为 8.2%（图 3-15）。

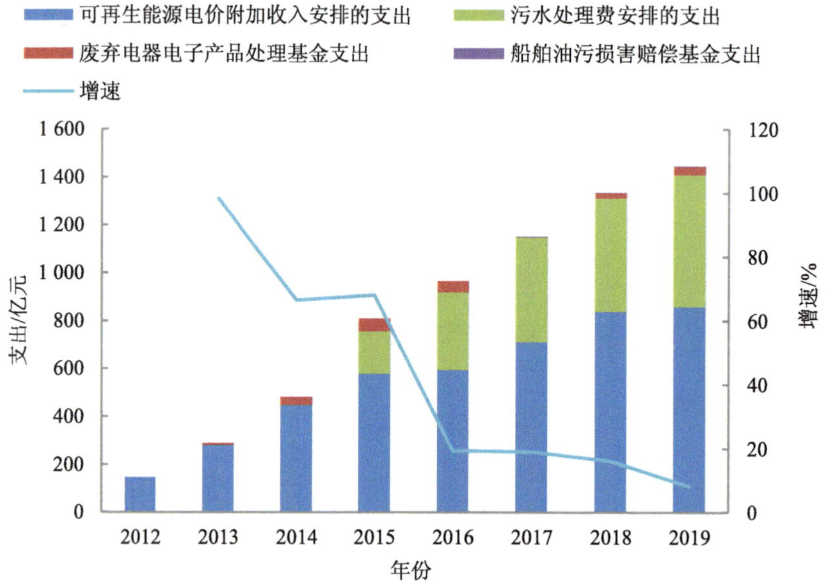

图 3-15　2012—2019 年政府性基金生态环境支出情况

① 2012 年，可再生能源电价附加收入、船舶油污损害赔偿基金以及废弃电器电子产品处理基金开始纳入政府性基金预算科目管理。污水处理费在 2015 年纳入科目管理。

3.2 财政补贴政策

财政补贴是通过对生产者和消费者进行补贴来激励和引导生产和消费，一般是以企业排污量的减少程度为依据给予相应资金或技术上的补贴，促进绿色低碳发展以及节能减排。生态环境财政补贴政策主要有清洁取暖补贴、可再生能源发电补贴、新能源汽车补贴和节能环保电价等政策。

3.2.1 清洁取暖补贴

清洁取暖改造是一个庞大的政府工程，更是一个重要的民生工程，虽然生态环境效益显著，但由于高投资和外部性特征，难以完全由市场顺利推动，需要政府干预。自 2017 年京津冀及周边地区试点民用散煤“煤改电”“煤改气”工程实施以来，国家和地方分别制定了相应的补贴支持政策，为清洁取暖试点工作提供资金支持。

（1）中央财政补贴

2017 年环境保护部等多部门及六地人民政府共同发布的《京津冀及周边地区 2017—2018 年秋冬季大气污染综合治理攻坚行动方案》对“2+26”城市清洁取暖替代散烧煤工作提出，到 10 月底完成“电代煤”“气代煤”300 万户以上的目标，拉开北方清洁取暖改造工程的序幕。同年 5 月，中央财政确定给予奖补资金，推进清洁方式取暖替代散煤燃烧取暖，试点示范期为 3 年，资金标准根据城市规模分档确定，直辖市每年安排 10 亿元，省会城市每年安排 7 亿元，地级城市每年安排 5 亿元。2018 年，中央财政扩大试点城市范围，2019 年实现京津冀及周边、汾渭平原等重点区域全覆盖，试点城市由 12 个扩展至 43 个。2017—2020 年，中央财政累计投入清洁取暖补贴资金 493 亿元。各试点城市批次及详细奖补资金统计见表 3-12。

表 3-12　2017—2020 年北方地区冬季清洁取暖试点城市财政奖补资金统计

单位：亿元

序号	省（市）	试点城市	2017 年	2018 年	2019 年	2020 年	合计	试点批次
1	天津	天津	8	8	8	6	30	第一批
2	河北	石家庄	6	5.6	5.6	3.8	21	第一批
		唐山	4	4	4	3	15	第一批
		保定	4	4	4	3	15	第一批
		廊坊	4	4	4	3	15	第一批
		衡水	4	4	4	3	15	第一批
		邯郸		4	4	4	12	第二批
		邢台		4	4	4	12	第二批
		张家口		4	4	4	12	第二批
		沧州		4	4	4	12	第二批
		定州			0.8	0.8	1.6	第三批
		辛集			0.8	0.8	1.6	第三批
		小计	22	37.6	39.2	33.4	132.2	
3	山西	太原	6	5.6	5.6	3.8	21	第一批
		阳泉		4	4	4	12	第二批
		长治		4	4	4	12	第二批
		晋城		4	4	4	12	第二批
		晋中		2.4	2.4	2.4	7.2	第二批
		运城		2.4	2.4	2.4	7.2	第二批
		临汾		2.4	2.4	2.4	7.2	第二批
		吕梁		2.4	2.4	2.4	7.2	第二批
		小计	6	27.2	27.2	25.4	85.8	

序号	省(市)	试点城市	2017年	2018年	2019年	2020年	合计	试点批次
4	山东	济南	6	5.6	5.6	9.8	27	第一批
		淄博		4	4	4	12	第二批
		济宁		4	4	4	12	第二批
		滨州		4	4	4	12	第二批
		德州		4	4	4	12	第二批
		聊城		4	4	4	12	第二批
		菏泽		4	4	4	12	第二批
		小计	6	29.6	29.6	33.8	99	
5	河南	郑州	6	5.6	5.6	3.8	21	第一批
		开封	4	4	4	3	15	第一批
		鹤壁	4	4	4	3	15	第一批
		新乡	4	4	4	3	15	第一批
		洛阳		2.4	2.4	2.4	7.2	第二批
		安阳		4	4	4	12	第二批
		焦作		4	4	4	12	第二批
		濮阳		4	4	4	12	第二批
		三门峡			2.4	2.4	4.8	第三批
		济源			0.8	0.8	1.6	第三批
		小计	18	32	35.2	30.4	115.6	
6	陕西	西安		2.4	2.4	2.4	7.2	第二批
		咸阳		2.4	2.4	2.4	7.2	第二批
		铜川			2.4	2.4	4.8	第三批
		渭南			2.4	2.4	4.8	第三批
		宝鸡			2.4	2.4	4.8	第三批
		杨凌示范区			0.8	0.8	1.6	第三批
		小计		4.8	12.8	12.8	30.4	
合计			60	139.2	152	141.8	493	

中央财政奖补资金由试点城市根据清洁取暖工作推进情况统筹使用，主要用于补贴户内管网改造、居民取暖设备购置和运行补贴等。考虑农村地区用户困难和地方财政运行补贴压力，设施逐步建成后，中央财政将结合各地实际给予运营支持，投资补贴逐步弱化，以确保农村清洁取暖设备用得起、用得好。

（2）地方财政补贴

中央财政下达补贴资金的同时，地方多个省（市）出台清洁取暖补贴方式和补贴标准等具体落地政策，鼓励和促进使用清洁能源供暖。补贴政策主要包括锅炉改造补贴、取暖设备改造补贴、采暖用电补贴、采暖用天然气补贴等。如“煤改电”设施补贴方面，保定市、衡水市、石家庄市按户设备购置安装投资给予不同比例的补贴。其中，保定市按设备购置安装投资的 70%给予补助，每户最高补贴 2 700 元，由省和市县各承担 1/2；衡水市按燃气壁挂炉及取暖设施安装投资的 70%给予补助，每户最高补贴 2 700 元，由省、市、县各承担 1/2、1/4、1/4；石家庄市补贴资金由省、市、县财政按照 4∶3∶1 比例分担。“煤改电”运行补贴方面，保定市、石家庄市、鹤壁市、济南市、郑州市、太原市给予采暖期居民用电 0.2 元/（kW·h）的补贴。“煤改气”方面的补贴政策详情见表 3-13。

表 3-13 “2+26”城市“煤改气”补贴政策

省（市）	城市	设备购置费用补贴	管网、接驳补贴	运营补贴
北京	北京	补贴 90%，最高 7 200 元	9 000 元/户	2 440 元/a
天津	天津	1.2 元/m^3	—	—
河北	邢台	补贴 3 000 元	—	—
	廊坊、保定、唐山	补贴 70%，最高 2 700 元	4 000 元/户	1 元/m^3，最高 1 200 元
	邯郸	3 000 元/户	2 600 元/户	—

省(市)	城市	设备购置费用补贴	管网、接驳补贴	运营补贴
河北	沧州	补贴 70%，最高 5 000 元	2 600 元/户	1 000 元/a
	石家庄	3 900 元/户	2 900 元/户	最高 900 元/a
	衡水	补贴 70%，最高 2 700 元	2 600 元/户	1.5 元/m^3
河南	鹤壁、安阳	补贴 60%，最高不超过 3 500 元（安阳）	—	1 元/m^3，最高 600 元
	新乡、开封、郑州	补贴 70%，最高 3 500 元（开封、郑州最高 2 000 元）		补贴 1 元/m^3，最高 900 元（新乡最高 600 元）
	焦作	—	—	月用气超过 20 m^3 的部分补贴 1 元/m^3，最高 1 000 元
	濮阳	—	—	—
山东	德州	4 000 元/户	—	1 000 元/户
	济宁	户外设备管网、燃气壁挂炉均由政府投资，村民缴纳暖气片的费用		按 1 500 元核定自费基数；超出部分补贴 50%
	菏泽	—	—	—
	聊城	补贴 50%，最高 4 000 元/户	—	2.1 元/m^3
	淄博	补贴 70%，最高 2 700 元/户	—	1 元/m^3，最高 1 200 元
	滨州	2 000 元/户	3 000 元/户	1 元/m^3，最高 1 200 元，气价执行 2.3 元/m^3
	济南	2 000 元/户	供热企业按 17 元/m^3 与燃气企业结算，亏损经第三方审计后予以补贴	1 元/m^3，最高 1 200 元
山西	晋城	6 500 元/户	—	—
	长治	最高 3 000 元/户	5 000 元/户	—
	阳泉	2 000 元/户	1 000 元/户	0.5 元/m^3
	太原	5 000 元/户	3 000 元/户	1 500 元/a

（3）补贴成效

清洁取暖工程在中央和地方财政资金的大力支持下，取得了出色成绩。不仅在“2+26”城市清洁取暖率达到 75%，超额完成中期目标，而且大大降低了广大居民冬季取暖的安全隐患，让居民在用得起的同时用得安心。截至 2019 年年底，北方地区清洁取暖率达到 55%，较 2016 年提升了 21 个百分点；北方农村地区清洁取暖率约 31%，比 2016 年提高了 21.6 个百分点；北方农村地区累计完成散煤清洁替代约 2 300 万户，其中京津冀及周边地区、汾渭平原累计完成散煤清洁化替代约 1 800 万户；清洁取暖面积达 116 亿 m^2，比 2016 年增加了 51 亿 m^2。超额完成《北方地区冬季清洁取暖规划（2017—2021 年）》确定的各项指标目标。

清洁取暖工程的实施还直接促进了大气污染问题的缓解。以 SO_2 排放为例，实施清洁取暖试点以来，北京、天津、河北、山东、河南、山西和陕西 7 省（市）SO_2 浓度累积降幅均超过 50%。其中，北京已连续两年 SO_2 平均质量浓度降至个位数。2018 年，山西、山东、河南、陕西 SO_2 质量浓度分别降至 28.9 $\mu g/m^3$、19.5 $\mu g/m^3$、17.5 $\mu g/m^3$、12.8 $\mu g/m^3$，下降趋势显著。在空气质量方面，以 2018 年 12 月为例，北京、天津、石家庄优、良空气质量天数分别由 2016 年的 13 天、11 天、1 天提高至 2018 年的 27 天、24 天、10 天，中重度污染天数分别由 10 天、12 天、17 天降至 3 天、5 天、10 天。

（4）存在的问题

清洁取暖补贴仍面临以下三方面的问题：一是试点城市配套资金到位率较低，财政补贴压力普遍较高，首批 12 个试点城市 2017 年度平均地方财政资金到位率仅为 65.35%，财政补贴资金缺口较大；二是清洁取暖使用成本普遍上涨，取消补贴后，农村居民采暖支出可承受能力差，存在返烧煤的可能；三是清洁取暖市场化机制尚未建立，主要靠政府推动，依赖政府直接投入，金融机构等社会资金投入积极性不足，“企业为主、政府推动、居民可承受”的运营模式尚未真正建立起来。

3.2.2 可再生能源发电补贴

（1）中央财政补贴

中央财政从 2009 年开始对风电产业实施按量补贴电价政策，国家发展改革委印发《关于完善风力发电上网电价政策的通知》，根据风能资源和工程建设条件等情况将全国分为四类资源区域，并实施有区别的风电标杆上网电价。2010 年，国家发展改革委印发《关于完善农林生物质发电价格政策的通知》，规定生物质未招标项目实施每千瓦时 0.75 元的统一上网电价。2013 年，国家发展改革委发布《关于发挥价格杠杆作用促进光伏产业健康发展的通知》，将全国分为三类太阳能资源区（Ⅰ类、Ⅱ类、Ⅲ类资源区[①]），相应制定光伏电站标杆上网电价，对分布式光伏发电实行按照全电量补贴的政策。至此，中央财政形成覆盖风能、生物质和光伏三类可再生能源发电的价格补贴政策。

随着市场化竞争、行业技术的快速发展，风能、生物质、光伏发电设备价格大幅下降，三类可再生能源发电补贴不断下调。以光伏发电为例，2013—2020 年，三类资源区光伏发电标杆上网电价补贴标准共下调 6 次，分布式光伏发电补贴标准下调 4 次，详细调整情况见图 3-16。

---

① Ⅰ类资源区包括宁夏，青海海西，甘肃嘉峪关、武威、张掖、酒泉、敦煌、金昌，新疆哈密、塔城、阿勒泰、克拉玛依，内蒙古除赤峰、通辽、兴安盟、呼伦贝尔以外地区；Ⅱ类资源区包括北京，天津，黑龙江，吉林，辽宁，四川，云南，内蒙古赤峰、通辽、兴安盟、呼伦贝尔，河北承德、张家口、唐山、秦皇岛，山西大同、朔州、忻州、阳泉，陕西榆林、延安，青海、甘肃、新疆除Ⅰ类外其他地区；Ⅲ类资源区是除Ⅰ类、Ⅱ类资源区以外的其他地区。

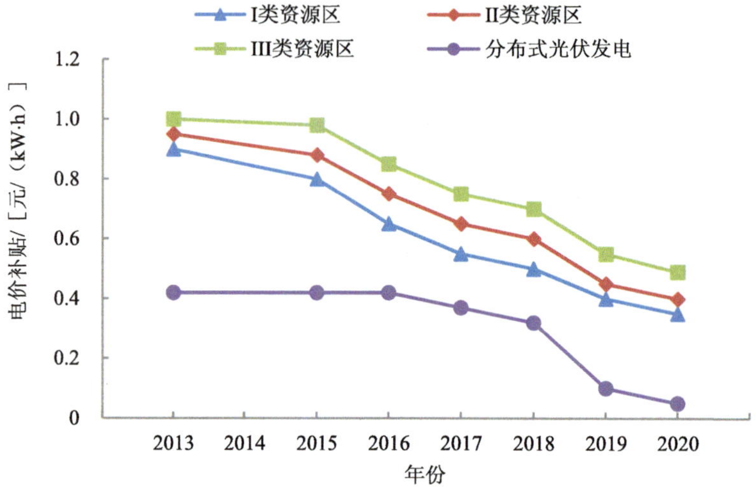

图 3-16　2013—2020 年光伏发电上网电价补贴调整情况

2020 年起，中央财政在可再生能源发电补贴管理模式、补贴上限、补贴计算方法和补贴范围等方面有了新的规定。其中，补贴管理模式分为三类：一是项目清单管理模式，简化目录制管理，不再发布补助目录，由电网企业确定并定期公布符合条件的项目清单；二是备案管理模式，光伏自然人分布式发电项目继续实行备案管理；三是目录管理模式，光伏扶贫项目仍旧实行补助目录管理，明确补贴上限及补贴年限，单个项目补贴额度按项目全生命周期合理利用小时数核定。补贴计算方法将燃煤发电上网基准价作为标杆电价，计算公式为［可再生能源标杆上网电价（含通过招标等竞争方式确定的上网电价）−当地燃煤发电上网基准价］/（1+适用增值税率）。补贴范围将新增海上风电和光热项目排除在外，由地方按照实际情况予以支持。

各项补贴标准的下调也直接体现在中央财政总补贴金额上，2020 年中央财政可再生能源电价补贴总额较上年下降约 8.9%，由 81.1 亿元降至 73.9 亿元。其中，生物质发电补贴降幅最大，从 1.0 亿元降至 0.87 亿元，降幅 13%；其后是太阳能发电补贴，从 37.6 亿元降至 32.8 亿元，降幅 12.7%；风力发电补贴降幅最小，从 42.4 亿元降至 40.2 亿元，降幅 5.2%（图 3-17）。

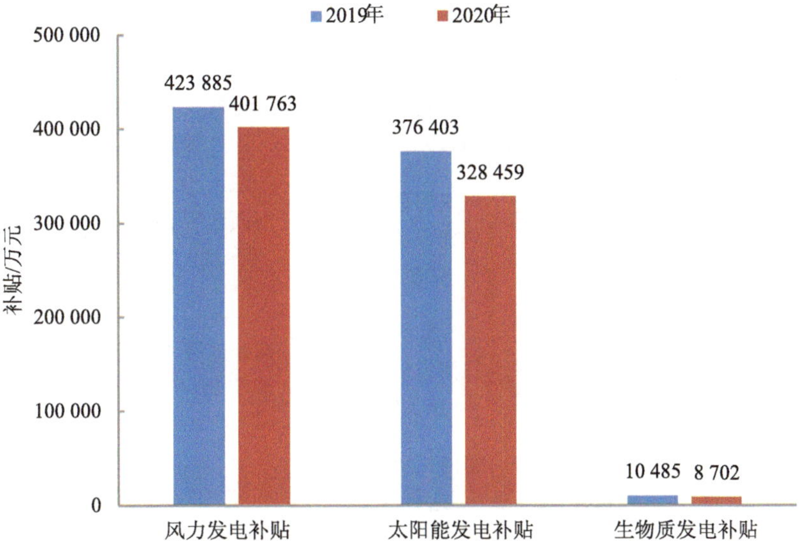

图 3-17　2019—2020 年可再生能源补贴情况

（2）地方补贴

在国家政策指引下，各地纷纷制定适合本地区可再生能源发展的补贴政策，尤其是针对 2018 年的新要求——“新建光伏电站上网电价原则上通过市场竞争方式确定，不得超过所在资源区指导价”，浙江、广东、安徽、湖北、湖南等省（区、市）相继出台竞争性配置政策，并制定具体评价标准。但随着国家光伏、风电和生物质发电补贴标准的降低和政策支持减弱，各地还在生效的补贴政策已剩不多。以光伏发电为例，截至 2020 年年底还在生效的补贴政策已不多，具体情况见表 3-14。

表 3-14　截至 2020 年年底还在生效的光伏发电补贴政策情况

地区		补贴对象	补贴范围	补贴金额	补贴时效
北京市	全市	分布式光伏	2015 年 1 月 1 日至 2019 年 12 月 31 日并网	0.3 元/（kW·h）	连续 5 年
	顺义区	自然人项目	顺义辖区内自然人宅基地内建设的分布式光伏发电项目	河西地区 225 元/kW，河东地区 0.36 元/（kW·h）	自并网起 5 年
		法人单位自筹资金项目	顺义辖区内法人单位建设的分布式光伏发电项目	河西地区 225 元/kW，河东地区 270 元/kW	自并网起 6 年
		法人单位采用合同能源管理模式建设项目	顺义辖区内法人单位建设的分布式光伏发电项目	河西地区 300 元/kW，河东地区 360 元/kW	自并网起 7 年
浙江省	嘉兴市	其他投资者投资建设	2018—2019 年并网运行的项目	0.2 元/（kW·h）	补贴 3 年
		规模在 20 kW 及以下的“光伏+”应用项目	2018—2019 年并网运行的项目	0.1 元/（kW·h）	补贴 3 年
	龙泉市	家庭屋顶光伏发电项目	项目建设年限为 2016—2019 年	补助不超过 0.6 元/（kW·h）	
		“光伏+”应用项目	项目建设年限为 2016—2019 年	按照 0.6 元/（kW·h）的标准进行补助	
		“光伏+助企”项目	项目建设年限为 2016—2019 年	按照 0.3 元/（kW·h）的标准进行补助	
	宁波市	家庭屋顶光伏发电项目	经过备案认可的并网发电家庭屋顶光伏项目	按 0.15 元/（kW·h）给予补贴	36 个完整抄表月

地区		补贴对象	补贴范围	补贴金额	补贴时效
广东省	佛山市	分布式光伏发电项目	2019—2020 年建成的分布式光伏发电项目	按实际发电量补贴 0.3 元/（kW·h）［其中市级补贴 0.06 元/（kW·h）、区级补助 0.24 元/（kW·h）］	项目建成次月起连续 3 年
	深圳市南山区	太阳能光电建设工程一体化的项目或分布式光伏发电项目	装机容量不小于 20 kWp	给予 8 元/Wp 的补贴	补贴 3 年
湖南省	全省	分布式光伏及不超过 2 万 kW 且所发电量主要在并网点变电台区消纳的地面光伏发电项目	2014 年 1 月 1 日至 2019 年 10 月 31 日投产	给予 0.2 元/（kW·h）的补贴	自项目投产运行至 2019 年 12 月 31 日
	长沙市	分布式光伏发电项目	2014—2020 年建成并网	给予 0.1 元/（kW·h）的补贴	补贴期为 5 年
安徽省	合肥市	分布式光伏发电项目	2018 年 9 月 17 日至 2018 年 12 月 31 日建成并网	0.15 元/（kW·h）	连续 5 年
		使用建筑用光伏构件代替装饰材料的建筑光伏一体化项目	2018 年 9 月 17 日后并网	0.2 元/W	一次性奖励
		与新建建筑同步设计、施工、验收使用的建筑光伏一体化项目		0.15 元/W	一次性奖励
		光伏储能项目	2018 年 9 月 17 日后运行	1 元/（kW·h）	自投运次月起

地区		补贴对象	补贴范围	补贴金额	补贴时效
陕西省	西安市	分布式光伏发电项目	2018 年 1 月 1 日至 2020 年 12 月 31 日并网	给予 0.25 元/（kW·h）补贴	补贴 5 年
		装机规模超过 1 MW 且建成并网的屋顶光伏电站		给予 10 万元/MW 一次性奖励	
海南省	三亚市	分布式光伏发电项目	2020 年前建成	按照 0.25 元/（kW·h）的标准进行补贴	补贴 5 年
湖北省	全省	光伏扶贫项目	2016 年 1 月 1 日至 2019 年 12 月 31 日建成	给予 0.1 元/（kW·h）补贴	补贴 5 年

（3）补贴成效

可再生能源发电补贴政策出台以来，可再生能源开发利用规模实现快速增长。截至 2020 年年底，我国可再生能源发电装机总规模达到 9.3 亿 kW，占总装机容量的比重达到 42.4%，较 2012 年增长 14.6 个百分点。其中，风电 2.8 亿 kW、光伏发电 2.5 亿 kW、生物质发电 2 952 万 kW，分别连续 11 年、6 年、3 年稳居全球首位。利用水平也持续提升，2020 年可再生能源发电量达到 2.2 万亿 kW·h，占全社会用电量的比重达到 29.5%，较 2012 年增长 9.5 个百分点，成为非化石能源占一次能源消费比重达 15.9%的有力支撑。

可再生能源发电的减污降碳成效也很显著，2020 年可再生能源开发利用规模达到 6.8 亿 t 标准煤，相当于替代煤炭近 10 亿 t，减少二氧化碳、二氧化硫、氮氧化物排放量分别约达 17.9 亿 t、86.4 万 t、79.8 万 t，为打好大气污染防治攻坚战提供了坚强保障。同时，城乡有机废物等生物质能清洁利用有效促进了人居环境改善；积极探索沙漠治理、光伏发电、种植养殖相结合的光伏治沙模式，推动了光伏开发与生态修复相结合，实现可再生能源开发利用与生态文明建设协调发展。

（4）存在的问题

可再生能源发电补贴来源于可再生能源电价附加收入，受近年来可再生能源电价附加入不敷出的影响，补贴资金存在较大缺口，导致部分可再生能源发电企业未能及时获得补贴。有数据显示，目前征收总额仅能满足 2015 年年底前已并网项目的补贴需求，2016 年后，90%以上新增可再生能源发电资金补贴落实存在较大压力。比如，2019 年财政部预期可再生能源补贴支出 866 亿元，而年度补贴需求约为 1 500 亿元。考虑到以前年份补贴拖欠，欠补规模呈扩大趋势。

3.2.3 新能源汽车补贴

（1）中央财政补贴

从 2009 年国家开始进行新能源汽车推广试点以来，我国一直推行新能源汽车补贴政策；2009—2020 年，有关部门共计发布中央补贴相关政策 10 余项（表 3-15），基本保障了政策实施的延续性，并且根据新能源汽车不同的发展阶段，及时调整了补贴对象、政策实施目的、补助发放形式及补贴车型范围要求，推动新能源汽车推广应用和节能减排。

表 3-15　2009—2020 年新能源汽车补贴主要政策

时间	政策文件	主要内容
2009 年 1 月	《关于开展节能与新能源汽车示范推广试点工作的通知》（财建〔2009〕6 号）	在北京、上海、重庆、长春、大连、杭州、济南等 13 个城市，对推广使用单位购买节能与新能源汽车给予补助
2009 年 1 月	《节能与新能源汽车示范推广财政补助资金管理暂行办法》	对试点城市相关公共服务领域购买和使用节能与新能源汽车给予一次性定额补助

时间	政策文件	主要内容
2010年5月	《关于扩大公共服务领域节能与新能源汽车示范推广有关工作的通知》（财建〔2010〕227号）	在现有13个试点城市的基础上，增加天津、海口、郑州、厦门、苏州、唐山、广州7个试点城市
2010年5月	《关于开展私人购买新能源汽车补贴试点的通知》（财建〔2010〕230号）	选择上海、长春、深圳、杭州、合肥5个城市，启动私人购买新能源汽车补贴试点工作
2010年5月	《私人购买新能源汽车试点财政补助资金管理暂行办法》	对满足支持条件的新能源汽车，按3 000元/（kW·h）给予补助；插电式混合动力乘用车最高补贴5万元/辆；纯电动乘用车最高补助6万元/辆
2013年9月	《关于继续开展新能源汽车推广应用工作的通知》（财建〔2013〕551号）	纯电动乘用车、插电式混合动力（含增程式）乘用车、纯电动专用车、燃料电池汽车补助标准在2013年标准基础上分别下降10%和20%
2015年4月	《关于2016—2020年新能源汽车推广应用财政支持政策的通知》（财建〔2015〕134号）	对购买新能源汽车给予补助，补助标准综合考虑生产成本、规模效应、技术进步等因素逐步退坡
2016年12月	《关于调整新能源汽车推广应用财政补贴政策的通知》（财建〔2016〕958号）	在保持2016—2020年补贴政策总体稳定的前提下，调整新能源汽车补贴标准
2018年2月	《关于调整完善新能源汽车推广应用财政补贴政策的通知》（财建〔2018〕18号）	调整完善推广应用补贴政策，提高技术门槛要求，完善新能源汽车补贴标准，分类调整运营里程要求
2019年3月	《关于进一步完善新能源汽车推广应用财政补贴政策的通知》（财建〔2019〕138号）	根据新能源汽车规模效益、成本下降等因素以及补贴政策退坡退出的规定，降低对新能源乘用车、新能源客车、新能源货车的补贴标准
2020年4月	《关于完善新能源汽车推广应用财政补贴政策的通知》（财建〔2020〕86号）	2020—2022年补贴标准分别在上一年基础上退坡10%、20%、30%
2020年12月	《关于进一步完善新能源汽车推广应用财政补贴政策的通知》（财建〔2020〕593号）	坚持平缓补贴退坡力度，2021年，新能源汽车补贴标准在2020年基础上退坡20%

中央财政补贴政策调整的主要方向和内容包括以下三个方面：一是补贴范围从试点向全国铺开。2009 年，明确在北京、上海、重庆等 13 个城市开展补贴试点，在公交、出租等公共服务领域对购买节能与新能源汽车给予补助。2010 年，增加天津、海口等 7 个试点城市，且选择上海、长春、深圳、杭州、合肥 5 个城市启动私人购买新能源汽车补贴试点，从公共服务领域扩大至私人领域。2013 年，进一步将补贴范围扩大到京津冀、长三角、珠三角等区域。2015 年 4 月，明确在全国范围内开展新能源汽车推广应用工作，中央财政对购买新能源汽车给予补助，实行普惠制。至此，覆盖全国范围的新能源汽车补贴政策全面铺开。二是补贴对象的技术要求逐渐规范。经过多次调整，补贴对象从最初注重节油能力，到现行的以续航里程为主的更为细化的技术要求，“补贴政策”技术条件日趋科学合理。具体来看，2009—2012 年对补贴对象的要求较为粗略，简单以节油率、最大功率比两项技术指标为参考，而从 2013 年开始转变，调整为以“纯电续航里程”为技术指标确定补助金额，2017 年、2018 年进一步调整，但仍是以续航里程指标为主，增加电池系统能量密度、百公里耗电量、燃料消耗量等更细化的技术要求。至此，形成了以续航里程为主的不定额补贴标准。三是补贴标准逐步下降。随着技术的快速发展，单车补贴额度不断下调，近几年更是频繁出台政策，持续推进补贴退坡。2016—2020 年这一阶段退坡十分显著，2017—2018 年和 2019—2020 年分别在 2016 年基础上下降 20%和 40%，对续航里程和技术要求的补贴标准不断提升。补贴调整情况见表 3-16。

2009—2020 年，中央财政共计发放约 1 066.1 亿元新能源汽车补贴，仅 2016 年补贴金额就高达 262 亿元。此后，补贴退坡，补贴金额减少，如 2018 年补贴金额为 138 亿元，较 2016 年下降一半左右。

表 3-16 2016—2020 年纯电动乘用车补贴标准 单位：万元

续航里程 R	2016 年	2017 年	2018 年	2019 年	2020 年
100 km≤R<150 km	2.5	2.0	0.0	0.0	0.0
150 km≤R<200 km	4.5	3.6	1.5	0.0	0.0
200 km≤R<250 km	4.5	3.6	2.4	0.0	0.0
250 km≤R<300 km	5.5	4.4	3.4	1.8	0.0
300 km≤R<400 km	5.5	4.4	4.5	1.8	1.62
R≥400 km	5.5	4.4	5.0	2.5	2.25

（2）地方补贴

从营造公平环境、促进消费使用角度，2019 年 3 月，财政部、工业和信息化部、科技部、国家发展改革委联合印发的《关于进一步完善新能源汽车推广应用财政补贴政策的通知》（财建〔2019〕138 号），提出从 2019 年起，地方应完善政策，过渡期（2019 年 3 月 26 日至 6 月 25 日）后不再对新能源汽车给予购置补贴，转为用于支持充电（加氢）基础设施“短板”建设和配套运营服务等方面。按照计划，2020 年后，新能源汽车补贴应完全退出。但为促进汽车消费，国务院会议确定新能源汽车购置补贴延长至 2022 年。根据以上政策要求，地方购置补贴逐步退出，转为对充电设施建设和运营的补贴，补贴形式也发生一些新的变化。截至 2020 年年底，部分地方还在生效的政策情况见专栏 3-1。

专栏 3-1 部分地方新能源汽车补贴政策情况

西安：对 2020 年 9 月 25 日前建设完成并通过验收投入运营的充电设施，给予实际投资 30%的一次性财政补贴；对 2020 年 9 月 2 日后建设并通过验收的充电设施，依据用电量给予 0.15 元/（kW·h）的运营补贴；对个人自用充电设施，市财政给予 10 000 元/根的一次性建设及电费补贴。补贴有效期至 2022 年 12 月 31 日。

广州：购买符合要求的新能源汽车，在充电、停车、通行等环节给予每车 1 万元的综合性补贴；对于充电设施建设补贴按照充电设施额定输出功率给予一次性建设补贴，对于直流充电桩、交直流一体化充电桩、无线充电设施补贴不高于 300 元/kW，对于交流充电桩补贴不高于 60 元/kW，对于换电设施补贴不高于 2 000 元/kW。对于专用、公用充电设施给予年度运营电量补贴，按照 0.1 元/（kW·h）的标准补贴。

成都：自用充电桩建设按照装机功率给予投资主体 100 元/kW（交流）、200 元/kW（直流）的一次性补贴，对于单个充电桩（群）最高补贴 20 万元。对于经营性集中式充换电站（BOT 充换电站除外）建设按照装机功率给予投资主体 150 元/kW（交流）、400 元/kW（直流），单个充换电站最高 500 万元的一次性补贴。运营补贴按照分段超额累进的方式：1 000 万（含）kW·h 以内部分，补贴 0.1 元/（kW·h）；1 000 万～2 000 万（含）kW·h 部分，补贴 0.15 元/（kW·h）；2 000 万 kW·h 以上部分，补贴 0.2 元/（kW·h）。

海南省：建设补贴以每个充电桩的额定功率为基数，2021—2025 年补贴 100 元/（kW·h），补贴上限不超过 10%；对外运营并接入省级平台的充电基础设施，运营阶段按充电电量给予运营电量补贴，暂定补贴期限至 2025 年，补贴标准为 0.1 元/（kW·h）；按属地原则，以上补贴费用省、市（县）各承担 50%。

河南省：公共服务领域专用充电设施建设补贴按照主要充电设备投资总额的 40%给予省级财政奖补；实行充电设施运营奖补，通过验收且月平均运行在线率不低于 90%的公用快速充电设施，省级财政按照 0.03 元/（kW·h）标准予以奖补；对按照 30%以下标准享受省级建设奖补的，省级财政按照 0.05 元/（kW·h）标准予以奖补，每年每桩享受奖补的电量不高于 10 万 kW·h。

（3）补贴成效

在新能源汽车补贴政策驱动下，我国新能源汽车产业由“培育期”进入“成长期”，新能源汽车产销量不断攀升（图 3-18）。但受近年来补贴退坡影响，2019 年新能源汽车销量开始呈下降趋势，全年产销分别完成 124.2 万辆和 120.6 万辆，同比分别下降 2.3%和 4.0%，市场份额约占 4.68%。2020 年受新型冠状病毒肺炎疫情影响，自 2020 年 7 月开始，新能源汽车月度销量大幅增长，全年产销分别完成 136.6 万辆和 136.7 万辆，同比分别增长 10%和 13%。另外，为支持新能源汽车产业高质量发展，中央财政将原定 2020 年年底到期的补贴政策延长 2 年，到 2022 年年底完全退出。

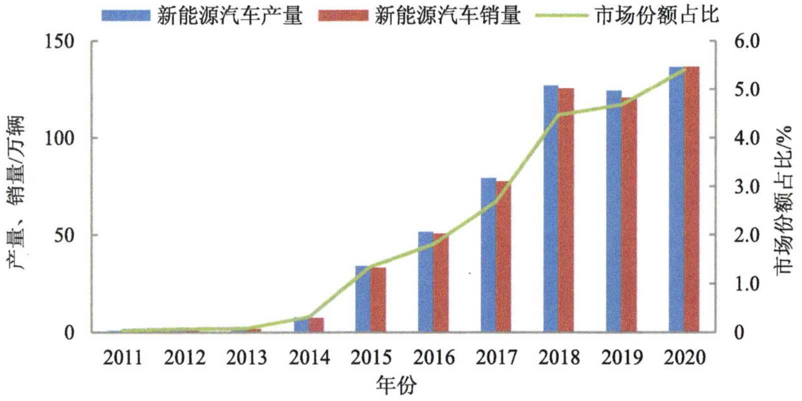

图 3-18　2011—2020 年新能源汽车产销量及市场份额占比情况

新能源汽车推广的节能减排成效也较为显著。各整车制造企业均在设备流程、设备工艺、产能利用率等方面加大投入，着力降低单位产品能耗和碳排放。主流乘用车汽车企业调研数据分析表明：各企业单车用电量水平节能减排效果显著，平均值约为 510 kW·h/辆，超过 64%的企业优于平均水平，先进企业的单车电耗约为 310 kW·h/辆，比平均水平低约 40%；企业单车综合能耗平均水平约为 110 kg 标准煤，50%左右的企业能源消耗优于平均水平；先进企业的单车碳排放为 321 kg CO_2，企业平均碳排放水平约为 640 kg CO_2。

（4）存在的问题

国家和地方补贴带动新能源汽车行业迅速发展，市场也不断壮大，但依然存在一些不可忽视的问题，主要是：长期价格补贴导致一些企业对价格补贴产生过度依赖，提高自身竞争力的动力不足；为了分享补贴“蛋糕”，其他行业企业向新能源汽车产业转型或多元化发展，导致产能过剩；针对消费端的补贴政策对推动产业链和基础设施建设的局限性日益显现。

3.2.4 节能环保电价

节能环保电价政策是通过价格杠杆影响生产者和消费者行为，从而引导生产者或消费者朝着节能环保方向努力的价格政策。节能环保电价政策包括燃煤电厂二氧化硫、氮氧化物、粉尘减排和超低排放的电价支持政策，行业差别电价政策及居民阶梯电价政策等。

（1）电厂电价支持政策

电厂电价支持政策是火电厂按环保要求安装烟气脱硫、脱硝、除尘设备而增加的成本，由政府价格主管部门核定在上网电量电价中提高一部分电价加以补偿的政策措施，该类政策包括脱硫、脱硝、除尘以及超低排放电价。

2004 年，国家发展改革委统一核定各省（区、市）新投产燃煤发电机组标杆上网电价，安装脱硫设备的较未安装脱硫设备的上网电价每千瓦时提高 1.5 分。2011 年，脱硝电价在北京、上海、天津、浙江、广东、宁夏等 14 个省（区、市）开展试点，试点范围内安装并运行脱硝装置的燃煤发电企业，经国家或省级环保部门验收合格的，电价加价标准暂按每千瓦时 0.8 分执行。2013 年，脱硝上网电价推广至全国，并将加价标准由每千瓦时 0.8 分提高到每千瓦时 1 分。2013 年，除尘电价政策推出，对采用新技术进行除尘设施改造、烟尘排放质量浓度低于 30 mg/m^3（重点地区 20 mg/m^3）的燃煤发电企业实行每千瓦时加价 0.2 分的电价加价政策。2015 年，国家发展改革委出台超低排放电价政策，对经所在地省级环保部门验收合格并符合超低限值要求（烟尘、二氧化硫、氮氧化物排放质量浓度分别不高于标态下 10 mg/m^3、35 mg/m^3、50 mg/m^3）的燃煤发电企业给予适当的上网电价支持。其中，对 2016 年以前已经并网运行的现役机组，对其统购上网电量每千瓦时加价 1 分（含税）；对 2016 年之后并网运行的新建机组，其统购上网电量每千瓦时加价 0.5 分（含税）。

2019 年 10 月，国家发展改革委发布《关于深化燃煤发电上网电价形成机制改革的指导意见》，进一步明确环保电价政策，执行“基准价+上下浮动”价格机制的燃煤发电电量，基准价中包含脱硫、脱硝、除尘电价。由电网企业保障供应的电量，在执行基准价的基础上，继续执行现行超低排放电价政策。目前安装了脱硫、脱硝、除尘设施且排放符合国家标准的燃煤发电企业，执行每千瓦时 1.5 分、每千瓦时 1 分和每千瓦时 0.2 分的环保加价政策。

（2）行业差别电价政策

差别电价政策是基于价格政策与产业政策效果结合起来实施的宏观调控政策，是对部分高耗能装置及能耗超标的装置所用的电量，根据相关加价政策，向所属单位征收高于普通电价的电费。2004 年 6 月，国家发展改革委将电解铝、铁合金、电石、烧碱、水泥、钢铁 6 个高能耗产业的企业区分淘汰类、限制类、允许和鼓励类，并试行差别电价政策。但随着电力供应紧张状况逐步缓解，个别地区开始擅自对高能耗产业用电实行价格优惠。2006 年 9 月，国务院办公厅转发国家发展改革委《关于完善差别电价政策意见的通知》（国办发〔2006〕77 号），禁止各地自行出台优惠电价政策，同时将黄磷、锌冶炼两个行业也纳入差别电价政策实施范围。

差别电价政策自颁布以来，经过不断调整，逐渐完善（表 3-17）。2004—2005 年为政策出台阶段，国家相继颁布 3 条差别电价相关政策，确定 6 个高能耗行业。2006 年 6 月，将差别电价执行范围扩大为 8 个高能耗行业；2007 年 4 月，取消高能耗行业电价优惠；2018 年，对铁合金等 7 个高能耗行业调整差别电价，政策愈加完善。

表 3-17　2010—2018 年国家出台的差别电价政策情况

年份	政策文件	主要内容
2004—2005	《关于贯彻落实国家电价政策有关问题的通知》（国家电网财〔2004〕326 号）； 《关于进一步落实差别电价及自备电厂收费政策有关问题的通知》（发改电〔2004〕159 号）； 《关于继续实行差别电价政策有关问题的通知》（发改价格〔2005〕2254 号）	对电解铝、铁合金、电石、烧碱、水泥、钢铁等 6 个高能耗行业试行差别电价政策； 限制类与淘汰类差别电价标准分别为 0.02 元/（kW·h）与 0.05 元/（kW·h）
2006—2007	《关于完善差别电价政策的意见》（国办发〔2006〕77 号）； 《关于坚决贯彻执行差别电价政策禁止自行出台优惠电价的通知》（发改价格〔2007〕773 号）； 《关于进一步贯彻落实差别电价政策有关问题的通知》（发改价格〔2007〕2655 号）	将黄磷、锌冶炼两个行业纳入差别电价政策实施范围； 在 3 年内，将淘汰类电价提高到 0.20 元/（kW·h），限制类电价提高到 0.05 元/（kW·h）； 差别电价增加的电费收入全额上交地方国库

年份	政策文件	主要内容
2010	《关于清理对高能耗企业优惠电价等问题的通知》(发改价格〔2010〕978 号)	继续对电解铝、铁合金、电石、烧碱、水泥、钢铁、黄磷、锌冶炼 8 个行业实行差别电价政策，并进一步提高差别电价加价标准，自 2010 年 6 月 1 日起，将限制类企业执行的电价加价标准由现行 0.05 元/（kW·h）提高到 0.10 元/（kW·h），淘汰类企业执行的电价加价标准由现行 0.20 元/（kW·h）提高到 0.30 元/（kW·h）
2013	《关于电解铝企业用电实行阶梯电价政策的通知》(发改价格〔2013〕2530 号)	电解铝企业铝液电解交流电耗（含义及计算方法见附件）不高于每吨 13 700 kW·h 的，其铝液电解用电（含来自自备电厂电量）不加价；每吨高于 13 700 kW·h 但不高于 13 800 kW·h 的，其铝液电解用电每千瓦时加价 0.02 元；高于每吨 13 800 kW·h 的，其铝液电解用电加价 0.08 元/（kW·h）
2014	《关于运用价格手段促进水泥行业产业结构调整有关事项的通知》(发改价格〔2014〕880 号)	对淘汰类水泥熟料企业生产用电实行更加严格的差别电价政策；对其他水泥企业生产用电实行基于能耗标准的阶梯电价政策
2016	《关于水泥企业用电实行阶梯电价政策有关问题的通知》(发改价格〔2016〕75 号)	对《产业结构调整指导目录（2011 年本）（修正）》明确淘汰的利用水泥立窑、干法中空窑、立波尔窑、湿法窑生产熟料的企业以外的通用硅酸盐水泥生产企业生产用电实行基于可比熟料（水泥）综合电耗水平标准的阶梯电价政策
2016	《关于运用价格手段促进钢铁行业供给侧结构性改革有关事项的通知》（发改价格〔2016〕2803 号）	淘汰类加价标准由 0.3 元/(kW·h) 提高至 0.5 元/(kW·h)，限制类加价标准为 0.1 元/（kW·h）；未按期完成化解过剩产能实施方案中化解任务的钢铁企业，其生产用电加价标准执行淘汰类电价加价标准，即加价 0.5 元/（kW·h）。对除执行差别电价以外的钢铁企业按工序能耗设定三档电价，其中，第一档不加价，第二档加价 0.05 元/(kW·h)，第三档加价 0.1 元/(kW·h)
2018	《关于创新和完善促进绿色发展价格机制的意见》(发改价格规〔2018〕943 号)	完善差别化电价政策。全面清理取消对高能耗行业的优待类电价以及其他各种不合理价格优惠政策。严格落实铁合金、电石、烧碱、水泥、钢铁、黄磷、锌冶炼等 7 个行业的差别电价政策，对淘汰类和限制类企业用电（含市场化交易电量）实行更高价格

（3）居民阶梯电价政策

居民阶梯电价是按照用户消费的电量分段定价，用电价格随用电量增加呈阶梯状逐级递增的一种电价定价机制。我国对阶梯电价的探索可追溯至 2004 年。当年，我国在浙江、福建开始试行阶梯电价，随后又在 2006 年增加了四川作为试点。从实施效果看，阶梯电价在一定程度上促进了居民节约用电。此后，2008 年，国务院指示要求研究阶梯电价。随后几年里，关于推行阶梯电价的文件逐一下发，各项工作不断落实，并最终于 2012 年 7 月 1 日开始在全国实行阶梯电价。根据国家发展改革委印发的《关于居民生活用电试行阶梯电价的指导意见》，居民每月的用电量分为三档：将覆盖 80%居民用户的月均用电量确定为第一档，其电价保持不变；覆盖 95%的居民用户月用电量确定为第二档，其电价提高幅度不低于每千瓦时 0.05 元；第三档为较高生活质量用电量，为超过第二档的用电量，其电价提高至每千瓦时 0.30 元左右。

根据各地实施方案，各省（区、市）阶梯电价差异较大（表 3-18）。综合来看，主要有以下特点：经济发达地区的各档电量普遍高于经济欠发达地区；东部地区各档电量普遍高于西部地区。例如，第一档电量 240 kW·h 的北京和第一档电量 150 kW·h 的青海之间的差距有 90 kW·h 之多。

表 3-18　各省（区、市）阶梯电价方案

序号	省（区、市）	类别	第一档	第二档	第三档
1	北京	分档/［kW·h/（户·月）］	0～240	241～400	400 以上
		电价/［(元/（kW·h)］	0.483	0.538 3	0.788 3
2	天津	分档/［kW·h/（户·月）］	0～220	221～400	400 以上
		电价/［(元/（kW·h)］	0.49	0.54	0.79
3	河北	分档/［kW·h/（户·月）］	0～180	181～280	281 以上
		电价/［(元/（kW·h)］	0.52	0.57	0.82

序号	省（区、市）	类别	第一档	第二档	第三档
4	山西	分档/［kW·h/（户·月）］	0～170	171～260	260 以上
		电价/［（元/（kW·h）］	0.477	0.527	0.777
5	内蒙古	分档/［kW·h/（户·月）］	170	171～260	260 以上
		电价/［（元/（kW·h）］	0.43	0.48	0.73
6	辽宁	分档/［kW·h/（户·月）］	0～180	181～280	280 以上
		电价/［（元/（kW·h）］	0.5	0.55	0.8
7	吉林	分档/［kW·h/（户·月）］	170	171～260	260 以上
		电价/［（元/（kW·h）］	0.525	0.575	0.825
8	黑龙江	分档/［kW·h/（户·月）］	170	171～260	260 以上
		电价/［（元/（kW·h）］	0.51	0.56	0.81
9	上海	分档/［kW·h/（户·月）］	0～260	261～400	400 以上
		电价/［（元/（kW·h）］	0.617	0.677	0.977
10	江苏	分档/［kW·h/（户·月）］	0～230	231～400	400 以上
		电价/［（元/（kW·h）］	0.528 3	0.578 3	0.828 3
11	浙江	分档/［kW·h/（户·月）］	0～230	231～400	400 以上
		电价/［（元/（kW·h）］	0.538	0.588	0.838
12	安徽	分档/［kW·h/（户·月）］	0～180	181～350	350 以上
		电价/［（元/（kW·h）］	0.595 3	0.645 3	0.895 3
13	福建	分档/［kW·h/（户·月）］	0～200	201～400	400 以上
		电价/［（元/（kW·h）］	0.498 3	0.548 3	0.798 3
14	江西	分档/［kW·h/（户·月）］	0～180	181～350	350 以上
		电价/［（元/（kW·h）］	0.6	0.65	0.9
15	山东	分档/［kW·h/（户·月）］	0～210	211～400	400 以上
		电价/［（元/（kW·h）］	0.546 9	0.596 9	0.846 9
16	河南	分档/［kW·h/（户·月）］	0～180	181～260	260 以上
		电价/［（元/（kW·h）］	0.56	0.61	0.86
17	湖北	分档/［kW·h/（户·月）］	0～180	181～400	400 以上
		电价/［（元/（kW·h）］	0.57	0.62	0.87
18	湖南	分档/［kW·h/（户·月）］	0～200	201～350	350 以上
		电价/［（元/（kW·h）］	0.588	0.638	0.888
19	广东	分档/［kW·h/（户·月）］	0～260	261～600	600 以上
		电价/［（元/（kW·h）］	0.61	0.66	0.91

序号	省（区、市）	类别	第一档	第二档	第三档
20	广西	分档/［kW·h/（户·月）］	0～190	191～290	291 以上
		电价/［(元/（kW·h)］	0.528 3	0.578 3	0.828 3
21	海南	分档/［kW·h/（户·月）］	0～220	221～360	360 以上
		电价/［(元/（kW·h)］	0.608 3	0.658 3	0.908 3
22	重庆	分档/［kW·h/（户·月）］	0～200	201～400	400 以上
		电价/［(元/（kW·h)］	0.52	0.57	0.82
23	四川	分档/［kW·h/（户·月）］	0～180	180～280	280 以上
		电价/［(元/（kW·h)］	0.522 4	0.622 4	0.822 4
24	贵州	分档/［kW·h/（户·月）］	0～250	250～391	391 以上
		电价/［(元/（kW·h)］	0.455 6	0.505 6	0.755 6
25	云南	分档/［kW·h/（户·月）］	0～170	171～260	260 以上
		电价/［(元/（kW·h)］	0.45	0.5	0.8
26	陕西	分档/［kW·h/（户·月）］	0～180	181～350	350 以上
		电价/［(元/（kW·h)］	0.498 3	0.548 3	0.798 3
27	甘肃	分档/［kW·h/（户·月）］	0～160	161～240	240 以上
		电价/［(元/（kW·h)］	0.51	0.56	0.81
28	青海	分档/［kW·h/（户·月）］	0～150	151～230	230 以上
		电价/［(元/（kW·h)］	0.377 1	0.427 1	0.677 1
29	宁夏	分档/［kW·h/（户·月）］	0～170	171～260	260 以上
		电价/［(元/（kW·h)］	0.448 6	0.498 6	0.748 6

注：新疆、西藏未实行阶梯电价。

（4）节能环保电价成效

节能环保电价政策在推动节能减排、带动能源结构优化、促进居民绿色消费方面具有很好效果。脱硫脱硝等电价政策促进了煤电清洁化，对燃煤发电企业控制大气污染物减排效果明显。如 2007 年电力、热力生产和供应业二氧化硫达到 114 万 t 的历史最大排放量；自实施《燃煤发电机组脱硫电价及脱硫实施运行管理办法（试行）》以来，二氧化硫排放量逐步减少，至 2015 年同比下降 18.6%，为“十五”以来行业最大排放量降幅。环保电价的逐步贯彻实施同时带动了清洁能源、非化石能源的开发和发展，2019 年全国非化石能源装机容量占比为 42%，较 2010 年提高了 14.9 个百分点，而煤电比重则降至 59%。居民用电的阶梯电价政策有力地促进了消费者绿色消费，调动消费者节约用电、防止污染的积极性和主观能动性，促进电量资源优化配置。

3.2.5 秸秆综合利用补贴

（1）中央财政补贴

为促进秸秆生态回收，中央财政在秸秆农机和秸秆综合利用方面实行了一系列补贴政策。秸秆农机购置方面，中央财政于 2004 年设立农机购置补贴专项，秸秆还田、离田机械始终是补贴的重点内容之一，9 个农机购置补贴机种中包括打（压）捆机、秸秆粉碎还田机、秸秆压块（粒、棒）机、秸秆膨化机、秸秆收集机、秸秆还田联合整地机 6 个品目，并对补贴范围内机具实行应补尽补。2019 年，中央累计安排秸秆粉碎还田机、打（压）捆机、免耕播种机购置补贴资金 13 亿元，补贴秸秆粉碎还田机 4.57 万台、打（压）捆机 3.08 万台。另外，还支持各地开展秸秆综合利用，支持对象为开展秸秆综合利用的企业和合作组织等。支持重点在“一环两带”（环京津，铁路、高速公路两带）区域、环京津贫困县，并具备一定秸秆综合利用基础的种植、养殖大县。项目补助标准为每个县 600 万～1 200 万元，补助资金用于支持秸秆综合利用及收储运体系建设相关设备购置，以及秸秆腐熟剂抛洒作业、秸秆收储运作业等方面。

2016—2020 年，中央财政共安排秸秆综合利用补助资金约 86.5 亿元，以秸秆肥料化、饲料化、燃料化利用为主攻方向，聚焦秸秆还田、离田、利用等重点领域和关键环节，因地制宜发展以秸秆为原料的生物有机肥、成型燃料、生物炭等新型产业，推动形成一批可持续运行的秸秆综合利用模式。

（2）地方补贴

在中央财政补贴引导下，部分地区制定了省级补贴形式和标准（表 3-19）。总体来看，秸秆还田的补助在每亩 20～50 元。除财政补贴外，河北、河南等省份还提出了秸秆综合利用支持政策，如对秸秆沤制沼气发电项目执行每千瓦时 0.75 元的标杆上网电价政策，对秸秆切割、粉碎、成型等初加工用电执行农业生产电价，将直接为农作物生产服务的秸秆处理场所（非营利）纳入辅助设施农用地等。

表 3-19 部分省份秸秆综合利用补贴标准

省份	补贴标准
黑龙江	①秸秆还田作业补贴：按照作物种类、作业深度，实施每亩[①]40 元、25 元、20 元不等的省级补贴； ②秸秆离田利用补贴：省级根据实际利用玉米、水稻秸秆量给予每吨 50 元的补贴； ③秸秆还田离田机具购置补贴：省级按照国家农机购置补贴额度的 2/3 给予累加补贴
安徽	①秸秆标准化收储点（中心）项目奖补：按照不超过总投资额的 30%进行奖补，省财政承担 80%，市（县）财政承担 20%； ②秸秆产业化利用奖补：实际利用水稻、小麦、其他农作物（油菜、玉米等）秸秆量，分别给予不超过 60 元/t、48 元/t、36 元/t 的补贴； ③秸秆综合利用现代环保产业示范园区项目奖补：每个园区奖励资金 500 万元，奖励资金由省财政与市（县）财政各承担 50%； ④秸秆博览会重点签约项目奖补：对项目投资总额在 1 000 万元（含 1 000 万元）以上的，按照不超过项目总投资额的 10%进行奖补
吉林	秸秆覆盖免耕播种和少耕播种两种技术类型，每亩补助标准不超过 40 元

① 1 亩=1/15 hm^2。

（3）补贴成效

秸秆综合利用试点建设以来，试点省份在提高秸秆农用水平、收储运专业化水平、市场化利用水平、综合利用科技和标准化水平上取得显著成效。截至 2020 年年底，全国共建设秸秆综合利用重点县 684 个，秸秆综合利用率达到 86.7%，有力地促进了秸秆技术推广和产业发展。

（4）存在的问题

秸秆综合试点激励政策以来，除农机补贴外，其余领域资金补贴额度较低，且仅支持重点地区和重点环节。如 2016 年，中央财政选择农作物秸秆焚烧问题较为突出的河北、山西、内蒙古、辽宁、吉林、黑龙江、江苏、安徽、山东、河南 10 个省（区）开展农作物秸秆禁烧和综合利用试点。在重点地区也难以全覆盖，主要支持少数县开展试点示范。另外，补贴对象多为秸秆综合利用企业，缺乏对农户的有效支持，农户选择焚烧或废弃的处置方式是实现自身利益最大化的最优选择，在已有补贴政策下参与综合利用的意愿仍较低。

3.2.6 畜禽粪污资源化利用补贴

（1）中央财政补贴

近年来，国家不断完善制度体系，加大政策支持力度，加快推进畜禽粪污资源化利用。2017 年，国务院办公厅印发《关于加快推进畜禽养殖废弃物资源化利用的意见》（国办发〔2017〕48 号），要求畜牧大县制订种养循环发展规划，明确粪肥利用的目标、途径和任务。同年，中央财政开始安排资金，重点支持畜牧大县开展畜禽粪污资源化利用工作，支持对象为畜禽粪污资源化利用整县推进的养殖场和企业。资金重点用于畜禽粪污收集、储存、处理和利用等环节的基础设施建设。具体支持内容是以农用有机肥和农村能源为重点，支持第三方处理主体粪污收集、收贮、处理、利用设施建设，以及支持规模养殖场、第三方处理主体改进节水养殖工艺和设备，建设粪污资源化利用配套设施。补助标准为：大型沼气工程补助比例不超过项目投资的 35%，最高不超过 1 500 万元；粪污集中处理中心按设计畜禽粪污处理能力给予补助，最高不超过 1 000 万元。

（2）补贴成效

“十三五”期间，中央财政累计安排 296 亿元支持畜禽粪污资源化利用，实现了 585 个畜牧大县整县治理全覆盖，提高了规模养殖场粪污处理设施装备水平，全国畜禽粪污综合利用率达到 75%，较 2015 年提高 15 个百分点，基本解决了大规模畜禽养殖场粪污处理和资源化利用问题，畜牧业绿色发展取得明显成效。

（3）存在的问题

中央财政整县制推进畜禽粪污资源化利用的普及范围仍较小，部分亟须治理的养殖县未能获得试点资格，且省级、市级财政主要与其他相关工程结合投入，没有畜禽养殖治污的专项投入，县级在财力上也很难投入大量的资金，开展养殖场户粪污治理的资金缺口较大。具体到养殖主体，投资能力也较弱，而畜禽粪污处理设施投资大，运行费用高，养殖业主无力投入，投资意愿不高，粪污处理和资源化利用设施装备条件不足，加之处理后端的资源化初级产品基本不盈利，即使配套了设备，也难以做到可持续运营，污染治理设施投资运行压力较大。

3.3 政府绿色采购政策

（1）政策演变历程

我国从 2002 年开始探索建立政府绿色采购制度，分别在 2002 年发布的《中华人民共和国清洁生产促进法》、2003 年发布的《中华人民共和国政府采购法》中确定政府采购要优先购买有利于节能、保护环境的产品。2004 年 12 月，财政部、国家发展改革委发布《节能产品政府采购实施意见》（财库〔2004〕185 号），明确要求政府采购应优先购买节能产品，正式实施政府绿色采购政策，并首次公布政府采购清单，列举汽车、电脑等 8 类 100 多种供政府优先采购的节能产品。2005—2020 年，相关部门又发布一系列政策法规和采购标准（表 3-20），不断完善政府绿色采购政策。

表 3-20　政府绿色采购相关政策

年份	法规名称	绿色采购相关内容
2002	《中华人民共和国清洁生产促进法》	各级人民政府应当优先采购节能、节水、废物再生利用等有利于环境与资源保护的产品
2003	《中华人民共和国政府采购法》	政府采购应当有助于实现国家经济和社会发展的政策目标，包括保护环境等
2004	《节能产品政府采购实施意见》	政府采购属于节能清单中产品时，在技术、服务等指标同等条件下，应当优先采购节能清单所列的节能产品
2005	《国务院关于加快发展循环经济的若干意见》（国发〔2005〕22 号）	在消费环节要大力倡导有利于节约资源和保护环境的消费模式。鼓励使用能效标识产品、节能节水产品和环境标志产品、绿色标志食品，减少过度包装和对一次性用品的使用。政府机构要实行绿色采购
2006	《关于环境标志产品政府采购实施的意见》（财库〔2006〕90 号）（附：环境标志产品政府采购清单）	从 2007 年 1 月 1 日起，各级国家机关、事业单位和团体组织用财政性资金进行采购的，要优先采购环境标志产品，不得采购危害环境及人体健康的产品
2007	《关于建立政府强制采购节能产品制度的通知》（国发〔2007〕51 号）	政府采购环节优先选择节约能源的产品，在部分节能效果突出和节能技术先进的产品中予以强制采购
2008	《关于调整环境标志产品政府采购清单的通知》（财库〔2008〕50 号）	对已发布的“环境标志产品政府采购清单”进行调整

年份	法规名称	绿色采购相关内容
2012	《全国人民代表大会常务委员会关于修改〈中华人民共和国清洁生产促进法〉的决定》	各级人民政府应当优先采购节能、节水、废物再生利用等有利于环境与资源保护的产品。各级人民政府应当通过宣传、教育等措施，鼓励公众购买和使用节能、节水、废物再生利用等有利于环境与资源保护的产品
2015	《关于调整公布第十七期节能产品政府采购清单的通知》（财库〔2015〕43 号）	清单列出的节能产品共 21 类，节水产品共 6 类，总共 27 个产品类别。清单中规定了 16 种产品为政府强制采购的节能产品，列出的产品供应商有 994 家企业，涉及 7 万多个产品型号
2019	《关于调整优化节能产品、环境标志产品政府采购执行机制的通知》（财库〔2019〕9 号）	对政府采购节能产品、环境标志产品实施品目清单管理；依据品目清单和认证证书实施政府优先采购和强制采购；逐步扩大节能产品、环境标志产品认证机构范围
2019	《关于印发环境标志产品政府采购品目清单的通知》（财库〔2019〕18 号）	更新环境标志产品采购品目清单
2019	《关于印发节能产品政府采购品目清单的通知》（财库〔2019〕19 号）	更新节能产品政策采购品目清单
2020	《关于政府采购支持绿色建材促进建筑品质提升试点工作的通知》（财库〔2020〕31 号）	在政府采购工程中推广可循环可利用建材、高强度高耐久建材、绿色产品部件、绿色装饰装修材料、节水节能建材等绿色建材产品，鼓励建成二星级及以上绿色建筑

2012—2019 年，我国政府绿色采购规模呈波动增长趋势，采购节能节水和环保产品总计 2.28 万亿元。其中，采购节能节水产品 1.19 万亿元，占比 52.2%；采购环保产品 1.09 万亿元，占比 47.8%（表 3-21）。与往年相比，2018 年、2019 年绿色采购规模增速明显放缓，这主要受两方面因素影响：一是我国经济从高速增长转为高质量发展已成为新常态；二是受减税降费影响，财政收入增幅降低，体现在政府采购上，便是支出安排增幅相应减少。预计未来几年，政府采购规模将处于平稳增长阶段，不会出现过去那样的增幅。

表 3-21　2012—2019 年节能、节水和环保产品政府采购规模

年份	节能、节水产品		环保产品	
	采购规模/亿元	占同类产品比例/%	采购规模/亿元	占同类产品比例/%
2012	1 280.7		939.6	
2013	1 839.1	86.0	1 434.9	82.0
2014	2 100.0	81.7	1 762.4	75.3
2015	1 346.3	71.5	1 360.0	81.5
2016	1 344.0	76.2	1 360.0	81.5
2017	1 733.0	92.1	1 711.3	90.8
2018	1 653.8	90.1	1 647.4	90.2
2019	633.7	90.0	718.7	88.0
合计	11 930.6	—	10 934.3	—

（2）实施效果

政府绿色采购政策实施以来，采购节能化趋势、环保产品的种类增多及采购力度加大等成为地方政府采购的主旋律。随着市场经济体制的不断完善以及国家监管部门对政府绿色采购机制的改革和补充，我国在覆盖污染治理和生态保护等领域的环保产品种类和数量也与日俱增。一些行业已具备自行设计制造关键设备及成套化研发的能力，如大型城市污水处理行业、垃圾焚烧发电行业、除尘脱硫行业。

绿色采购政策在促进节能减排方面发挥了重要作用。以办公用品采购为例，据统计，2015 年政府采购环境标志产品中的办公家具共减排挥发性有机物 1 482.3 t、甲醛 33.1 t；采购电子类主要办公用品共减排二氧化硫 620.3 t、氮氧化物 620.3 t、烟尘 97.7 t；采购复印纸共减排化学需氧量 1 590.6 t、总磷 15.9 t 和氨氮 159.1 t，对直接减少大气污染物排放、

有效降低产品能耗水平发挥了积极的促进作用。

（3）存在的问题

尽管政府绿色采购制度在紧锣密鼓实施，但从实施效果来看，仍存在一些问题：一是环境标志认证存在一定漏洞，关于环保、节能标志等政策文件与措施在具体实施推行中各有侧重，互不相属，没有统一的标准进行衡量；二是绿色采购清单存在欠缺，绿色采购清单的制定、公示、结构机制等方面存在制度刻板、范围含糊、操作混乱、程序不清等问题，导致清单跟不上绿色产品更新换代的速度。

3.4 生态补偿政策

3.4.1 生态补偿政策总体情况

生态补偿机制是以保护生态环境、促进人与自然和谐为目的，根据生态系统服务价值、生态保护成本、发展机会成本，综合运用行政和市场手段，调整生态环境保护和建设相关各方之间利益关系的一种制度安排。自 2005 年 12 月国务院《关于落实科学发展观加强环境保护的决定》提出“要完善生态补偿政策，尽快建立生态补偿机制”以来，多份关于推动建立生态保护补偿机制政策文件相继印发（表 3-22）。

表 3-22　国家层面出台的生态保护补偿政策

年份	文件名称	相关内容
2005	《中共中央关于制定国民经济和社会发展第十一个五年规划的建议》	按照“谁开发、谁保护，谁受益、谁补偿”的原则，建立生态补偿机制
2005	《国务院关于落实科学发展观加强环境保护的决定》（国发〔2005〕39 号）	要完善生态补偿政策，尽快建立生态补偿机制

年份	文件名称	相关内容
2007	《国务院2007年工作要点》（国发〔2007〕8号）	加快建立生态环境补偿机制
2007	《节能减排综合性工作方案》（国发〔2007〕15号）	改进和完善资源开发生态补偿机制，开展跨流域生态补偿试点工作
2007	《关于开展生态补偿试点工作的指导意见》（环发〔2007〕130号）	研究建立自然保护区、重要生态功能区、矿产资源开发和流域水环境保护等重点领域生态补偿标准体系，落实补偿各利益相关方责任，探索多样化的生态补偿方法、模式
2008	《中华人民共和国水污染防治法》（修订版）	建立健全对位于饮用水水源保护区区域和江河、湖泊、水库上游地区的水环境生态保护补偿机制
2011	《中华人民共和国国民经济和社会发展第十二个五年规划纲要》	按照“谁开发、谁保护，谁受益、谁补偿”的原则，加快建立生态补偿机制
2015	《关于加快推进生态文明建设的意见》（中发〔2015〕12号）	健全生态保护补偿机制。科学界定生态保护者与受益者权利义务，加快形成生态损害者赔偿、受益者付费、保护者得到合理补偿的运行机制
2015	《国务院关于印发水污染防治行动计划的通知》（国发〔2015〕17号）	探索研究援助对口、转移产业及使用横向补偿资金等方法，以构建相应的跨流域水环境生态补偿机制
2016	《关于健全生态保护补偿机制的意见》（国办发〔2016〕31号）	到2020年，实现森林、草原、湿地、荒漠、海洋、水流、耕地等重点领域和禁止开发区域、重点生态功能区等重要区域生态保护补偿全覆盖
2016	《长江经济带发展规划纲要》	建立长江生态保护补偿机制，按照“谁受益、谁补偿”原则，探索上中下游开发地区、受益地区与生态保护地区进行横向生态补偿
2018	《中央财政促进长江经济带生态保护修复奖励政策实施方案》（财建〔2018〕6号）	多渠道支持长江经济带生态补偿与保护，支持建立长江经济带生态补偿与保护长效机制的综合性奖补措施

年份	文件名称	相关内容
2018	《关于建立健全长江经济带生态补偿与保护长效机制的指导意见》（财预〔2018〕19号）	建立激励引导机制，统筹一般性转移支付和相关专项转移支付资金，加大对长江经济带生态补偿和保护的财政资金投入力度
2018	《建立市场化、多元化生态保护补偿机制行动计划》（发改西部〔2018〕1960号）	在资源开发、排污权、水权、碳排放权抵消、生态产业、绿色标识、绿色采购、绿色金融、绿色利益分享9大领域建立市场化补偿机制

3.4.2 重点领域生态补偿机制

3.4.2.1 重点生态功能区转移支付

为解决生态保护与经济发展的矛盾，一方面提高各保护区的生态保护积极性和能力，另一方面弥补地区经济发展机会成本损失，提高地方基本公共产品供给能力，2008年，财政部开始进行全国重点生态功能区转移支付试点，之后在全国进行推广。该项政策是在一般性转移支付项下设立国家重点生态功能区转移支付，转移支付资金向财力较弱、生态环境质量较差的地区倾斜，一定程度上解决了国家重点生态功能区生态环境保护资金不足的问题，补偿因生态保护而受到的经济发展机会成本损失。

重点生态功能区转移支付补偿范围持续优化。2009年补偿范围主要包括：关系国家区域生态安全和生态外溢性较强、生态环境保护较好的省份。2010年，国务院印发《全国主体功能区规划》，补偿范围将规划中的限制开发区域（重点生态功能区）和禁止开发区域全部纳入，并增加青海三江源自然保护区、南水北调中线水源地保护区、海南国际旅游岛中部山区生态保护核心区等国家重点生态功能区。之后，又根据国家重点战略部署对补偿范围进行了多次调整，至2018年开始稳定下来，包括限制开发的国家重点生态功能区所属县，生态功能重要的“三区三州”等深度贫困地区、京津冀、海南以及长江经济带等相关地区，国家级禁止开发区域等三类地区。至2020年，补偿范围从2008年的221个县域扩大至覆盖全国的818个县域，增加了2.7倍。

中央财政支持力度也不断加大，2008—2020年，重点生态功能区转移支付资金总量不断提升（图3-19），12年间累计转移支付资金6 036亿元，年支付额从60亿元增至795亿元，增长了12倍，有效保障了国家重点生态功能区生态产品产出能力。

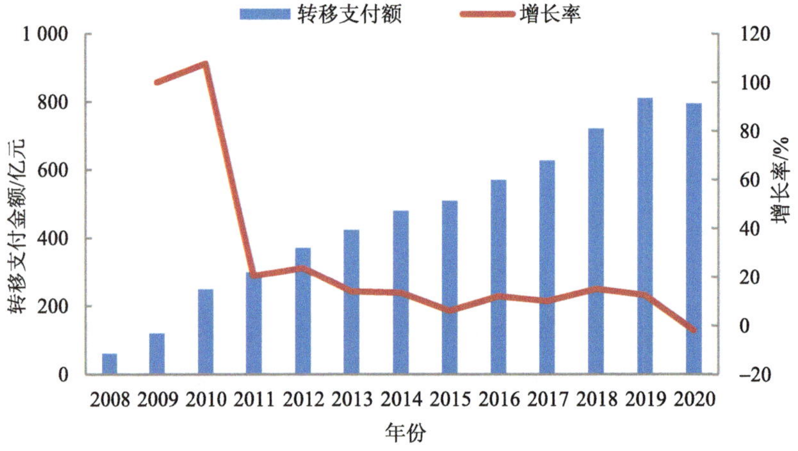

图3-19 2008—2020年重点生态功能区转移支付情况

重点生态功能区转移支付资金分配办法是决定覆盖范围、分配标准及资金使用监督管理的重要环节，这部分政策经历了四次调整（表3-23）。根据2019年《中央对地方重点生态功能区转移支付办法》（财预〔2019〕94号），补偿资金额度主要选取影响财政收支的客观因素进行核算，由重点补助、禁止开发补助、引导型补助和奖惩资金组成。其中，奖惩资金对象为重点生态县域，对考核评价结果优秀的地区予以奖励，对生态环境质量变差、发生重大环境污染事件、执行产业准入负面清单不力和生态扶贫工作成效不佳的地区予以扣减。2012—2020 年，已累计对 450 多个县域的转移支付资金实施奖惩调节，仅 2017—2020 年连续四年的调节资金量就超过 30 亿元。

表 3-23　重点生态功能区转移支付分配公式调整情况

年份	文件名称	分配公式
2009	《国家重点生态功能区转移支付（试点）办法》（财预〔2009〕433 号）	补助数=［Σ该省（区、市）纳入试点范围的市县政府标准财政支出−Σ该省（区、市）纳入试点范围的市县政府标准财政收入］×［1−该省（区、市）均衡性转移支付系数］+纳入试点范围的市县政府生态环境保护特殊支出×补助系数
2011	《国家重点生态功能区转移支付办法》（财预〔2011〕428 号）	补助数=Σ该省（区、市）纳入转移支付范围的市县政府标准财政收支缺口×补助系数+纳入转移支付范围的市县政府生态环境保护特殊支出+禁止开发区补助+省级引导性补助
2012	《2012 年中央对地方国家重点生态功能区转移支付办法》（财预〔2012〕296 号）	补助额=Σ该省限制开发等国家重点生态功能区所属县标准财政收支缺口×补助系数+禁止开发区域补助+引导性补助+生态文明示范工程试点工作经费补助
2017	《中央对地方重点生态功能区转移支付办法》（财预〔2017〕126 号）	补助额=重点补助+禁止开发补助+引导性补助+生态护林员补助±奖惩资金

3.4.2.2　流域水环境保护生态补偿

（1）跨行政区流域生态补偿

截至 2019 年年底，我国已建立的跨省流域生态补偿试点包括安徽、浙江的新安江，广西、广东的九洲江，福建、广东的汀江—韩江，江西、广东的东江，河北、天津的引滦入津，云南、贵州、四川的赤水河以及河北、北京的密云水库及上游 7 个流域。部分试点工作推进情况如下。

1）2012 年，财政部、环境保护部与皖浙两省积极磋商推动，共同签订《新安江流域水环境补偿协议》，建立了我国第一个跨省流域生态补偿试点，以 3 年为周期开展探索。截至 2017 年年底，两轮试点圆满收官，流域水环境质量进一步趋好，流域上下游联动机制不断健全，基本实现了试点目标，现正在实施第三轮试点。

2）2016 年，广东先后与广西、福建、江西签署水环境补偿协议，建立起九洲江流域、汀江—韩江流域、东江流域上下游横向水环境补偿机制，约定以双方确定的水质监测数据作为考核依据，当上游来水水质稳定达标或改善时，由下游拨付资金补偿上游；反之，若上游水质恶化，则由上游赔偿下游，上下游两省（区）共同推进跨省界水体综合整治；若河流断面未完全达到年度考核目标，将按达标河流来水量比例和不达标河流来水量比例计算补偿金额。

3）2017 年 6 月，河北、天津签署《关于引滦入津上下游横向生态补偿的协议》，试点期为 2016—2018 年。3 年内，河北、天津每年各出资 1 亿元，中央财政每年补贴 3 亿元。其中，天津市资金根据水质考核结果采取压年拨付，中央资金依据考核目标完成情况采取先预拨、后清算方式拨付。若按水质考核全部达标计算，引滦入津上下游横向生态补偿资金 3 年累计总规模为 15 亿元。

4）2018 年 2 月，云南、贵州、四川三省签订了《赤水河流域横向生态保护补偿协议》，决定共同出资 2 亿元设立赤水河流域水环境横向补偿资金，云南、贵州、四川出资比例为 1∶5∶4，补偿资金分配比例为 3∶4∶3。三省依据考核断面设置、生态环境功能重要性、保护治理难度等因素，分段设立补偿权重，将补偿资金及治理任务分解落实到各责任市（县）。

5）2018 年 11 月，北京、河北两地共同签署了《密云水库上游潮白河流域水源涵养区横向生态保护补偿协议》，协议实施年限暂定为 2018—2020 年。根据协议，到 2020 年，北京市将对密云水库上游潮白河流域河北省承德市、张家口市相关县（区）进行生态保护补偿，对污染治理工作成效进行奖励。在水质考核方面，除了国家规定的高锰酸盐指数、氨氮、总磷三项指标外，还增加了总氮指标，对总氮指标下降也将给予奖励。在水量考核上，则在 2000 年以来多年平均入境水量的基础上，实行“多来水、多奖励”的机制。

据不完全统计，截至 2019 年 7 月，跨省流域生态补偿试点累计获得中央财政奖励资金 58.98 亿元，上下游省份已落实生态补偿资金 50.98 亿元（表 3-24）。生态补偿有效带动了地方政府、企业和社会资金投入，流域生态保护和污染治理力度明显加大，集中解决了一批长期存在、影响水环境质量改善的环境污染问题。

表 3-24　跨省流域生态补偿实践情况

序号	流域	补偿时间	上下游省份落实补偿资金/亿元	中央财政补助/亿元
1	新安江流域	2012—2014 年（第一轮）	6	9
		2015—2017 年（第二轮）	12	9
		2018—2020 年（第三轮）	2	—
2	九洲江流域	2015—2017 年（第一轮）	6	8
		2018—2020 年（第二轮）	2	—
3	东江流域	2016—2018 年	6	9
4	汀江—韩江流域	2016—2017 年（第一轮）	3.98	5.98
		2018 年（第二轮）	2	3
5	引滦入津	2016—2018 年	6	9
6	赤水河流域	2018—2020 年	2	—
7	密云水库及上游	2018—2020 年	3	6

资料来源：《我国流域生态补偿发展实践与政策建议》。

（2）行政区内流域生态补偿

2005 年 8 月，浙江省率先推行流域生态补偿，浙江省人民政府印发《关于进一步完善生态补偿机制的若干意见》（浙政发〔2005〕44 号），成为全国第一个实施省内全流域生态补偿的省份。此后，相关省份陆续建立行政区内流域生态补偿政策，江苏省太湖流域、河北省子牙河流域、河南省沙颍河流域、辽宁省辽河流域开始探索流域水质考核的生态补偿实践。2009 年，山西省主要跨界河流，湖北省汉江流域，四川省岷江、沱江流域等在借鉴上述地区的成功经验基础上，也开展了流域生态补偿实践。目前，北京、河北、山东、山西、辽宁、江苏、浙江、广东、江西、湖北、安徽、贵州等省份均建立了行政区内全流域生态补偿机制，多数省份的生态补偿资金已形成一定规模，部分省份设立了到 2020 年的落实目标。例如，江西、湖北提出到 2020 年年底，省内长江流域相关市、县 60%以上建立横向生态保护补偿机制，贵州省计划到 2020 年对全省重要区域实现生态保护补偿全覆盖等。

部分省级行政区内流域生态补偿政策及主要内容见表 3-25。

表 3-25　部分省级行政区内流域生态补偿政策及主要内容

序号	省（市）	相关政策	主要内容
1	北京	《北京市水环境区域补偿办法（试行）》	适用于行政区域内流域上下游区县政府间因污染物超过断面水质考核标准和未完成污水治理任务而进行的经济补偿活动
2	河北	《关于实行跨界断面水质目标责任考核的通知》（办字〔2009〕50 号）	对造成水体污染物超标的区域实行生态补偿金扣缴
3	山东	《关于在南水北调黄河以南段及省辖淮河流域和小清河流域开展生态补偿试点工作的意见》（鲁政办发〔2007〕46 号）	针对污染减排进行生态补偿的目标、原则和方法
4	山西	《关于实行地表水跨界断面水质考核生态补偿机制的通知》（晋政办函〔2009〕177 号）	跨界断面水质考核生态补偿要求和方法

序号	省（市）	相关政策	主要内容
5	辽宁	《辽宁省跨行政区域河流出市断面水质目标考核暂行办法》（辽政办发〔2008〕71号）	跨行政区域河流出市断面水质目标考核要求和方法等
6	江苏	《江苏省环境资源区域补偿办法（试行）》；《江苏省太湖流域环境资源区域补偿试点方案》（苏政办发〔2007〕149号）	明确水环境生态补偿的实施办法；太湖流域水环境生态补偿的具体执行办法
7	浙江	《浙江省生态环保财力转移支付试行办法》（浙政办发〔2008〕12号）；《浙江省跨行政区域河流交接断面水质保护管理考核办法》（浙政办发〔2013〕134号）	对八大水系源头地区实施生态环保财力转移支付；对全省跨行政区域河流交接断面水质进行考核
8	河南	《河南省水环境生态补偿暂行办法》（豫政办〔2010〕9号）	明确河南省行政区域内长江、淮河、黄河和海河四大流域的地表水环境生态补偿办法
9	陕西	《陕西省渭河流域生态环境保护办法》（陕西省人民政府令第139号）	明确渭河流域生态补偿的基本原则及具体办法
10	广东	《广东省生态保护补偿办法》（粤府办〔2014〕57号）	对重点生态功能区县进行补偿，建立包括跨行政区河流交界断面水质达标率等16个生态环境考核指标的体系
11	江西	《江西省流域生态补偿办法》（赣府发〔2018〕9号）	安排专项资金，对东江源头保护区以及“五河一湖”（赣江、信江、抚河、饶河、修河和鄱阳湖）开展生态补偿
12	湖北	《关于建立省内流域横向生态补偿机制的实施意见》（鄂财建发〔2018〕85号）	以省内流域水质改善和水资源保护为主线，加快形成“成本共担、效益共享、合作共治”的流域保护和治理长效机制
13	安徽	《安徽省地表水断面生态补偿暂行办法》（皖政办秘〔2017〕343号）	按照“谁超标、谁赔付，谁受益、谁补偿”的原则进行生态补偿
14	贵州	《贵州省清水江流域水污染补偿办法（试行）》（黔府办发〔2009〕68号）	对清水江流域的黔南布依族苗族自治州、黔东南苗族侗族自治州，其交接断面每月水质实测值如果超过控制目标，上游的黔南布依族苗族自治州应向省级财政和黔东南苗族侗族自治州缴纳补偿资金

3.4.2.3 森林生态效益补偿

森林生态效益补偿制度的建立经历了从无到有、从小到大、从少到多的发展过程。1984年《中华人民共和国森林法》(以下简称《森林法》)中明确提出建立森林生态效益补偿基金的构想。至14年后的1998年4月，《森林法》修正案中确定国家层面设立森林生态效益补偿基金，用于提供生态效益的防护林和特种用途林的森林资源、林木的营造、抚育、保护和管理。为贯彻落实《森林法》，中央财政和地方各级政府积极谋划，多措并举，建立并逐步完善生态补偿政策。

（1）中央财政森林生态补偿

2001年1月，财政部设立森林生态效益补助资金，主要用于提供生态效益的防护林和特种用途林的保护和管理，并提出先试点、再逐步推开。2001年11月，国家林业局会同财政部组织召开全国森林生态效益补助资金试点启动工作会议，标志着我国结束无偿使用森林资源生态价值的历史，开始进入有偿使用森林资源生态价值的新阶段。2001—2003年，中央财政累计安排补助资金30亿元，在辽宁、河北、福建、广西、山东、新疆、江西、黑龙江、湖南、浙江和安徽11个省（区）开展了森林生态效益补助试点。经过3年试点，2004年正式建立中央财政森林生态效益补偿基金，之后补偿范围不断扩大，补偿标准适当提高。截至2017年年底，国家公益林区划定办法共制（修）订4次、补偿资金管理办法经历5次修订（表3-26），且在2014年后随着转移支付政策的调整，中央财政不再单独设立资金进行补偿，逐渐演变为在林业补助资金、林业改革发展资金中进行安排[①]。2001—2013年，中央财政共安

① 2014—2015年、2016—2020年分别在林业补助资金、林业发展改革资金中合并安排，未能体现具体资金额。

排森林生态效益补偿 652 亿元（图 3-20）。

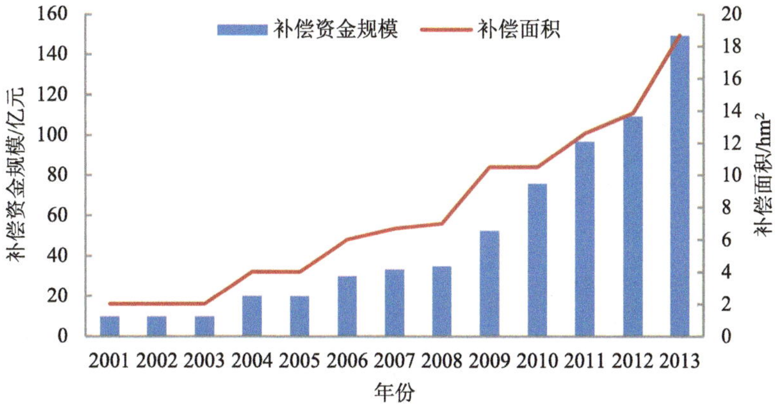

图 3-20　2001—2013 年中央财政安排森林生态效益补偿资金规模及补偿面积

表 3-26　中央财政安排森林生态效益补偿政策进展情况

发展阶段	补偿范围	补助标准	相关制度和依据
启动试点（2001—2003 年）	辽宁、河北、福建、广西、山东、新疆、江西、黑龙江、湖南、浙江和安徽 11 个省（区）的国家公益林保护	每年每亩 5 元	①《国家公益林认定办法（暂行）》（林策发〔2001〕88 号）；②《森林生态效益补助资金管理办法（暂行）》（财农〔2001〕190 号）
建立制度（2004—2005 年）	重点公益林林地中的有林地，以及沙漠化和水土流失严重地区的有林地、灌木林地和灌丛地	每年每亩 5 元	①《重点公益林区划界定办法》（林策发〔2004〕94 号）；②《中央森林生态效益补偿基金管理办法》（财农〔2004〕169 号）
不断发展完善（2006—2017 年）	公益林的营造、抚育、保护和管理	每年每亩 5 元	《中央财政森林生态效益补偿基金管理办法》（财农〔2007〕7 号）
	国家级公益林的保护和管理	国家级公益林每年每亩 5 元；集体和个人所有的每年每亩 10 元	①《国家级公益林区划界定办法》（林资发〔2009〕214 号）；②《中央财政森林生态效益补偿基金管理办法》（财农〔2009〕381 号）

发展阶段	补偿范围	补助标准	相关制度和依据
不断发展完善（2006—2017年）	国家级公益林的保护和管理	国家级公益林每年每亩5元；集体和个人所有的每年每亩15元	①《中央财政林业补助资金管理办法》（财农〔2014〕9号） ②《林业改革发展资金管理办法》（财农〔2016〕196号）； ③《国家级公益林区划界定办法》（林资发〔2017〕34号）

（2）地方实践

政府主导建立中央财政森林生态效益补偿基金后，各省份均开展了省级层面的实践，在拓宽补偿资金渠道、扩大补偿范围等方面做了许多有益尝试。其中比较有代表性的有广东省、福建省和浙江省。

1）广东省

1998年11月，广东省发布《生态公益林建设管理和效益补偿办法》，启动生态公益林效益补偿，规定省财政按每年每亩2.5元对省核定生态公益林给予补偿，禁伐生态公益林，成为全国第一个实施森林生态效益补偿的省份。到2003年，补偿标准即达到每年每亩8元，且从2008年起，逐步统一国家级和省级生态公益林补偿标准，按照每年每亩2元标准逐年提高省级以上生态公益林补偿标准；2019年已达到36元/亩，较1998年增加了约13.4倍。部分地区实施了地方配套补偿政策，如2017年，广州市番禺区、东莞市、佛山市、中山市补偿标准已分别达到每年每亩200元、150元、120元、100元。补偿制度实施20年来，省级以上生态公益林面积从5 102万亩增加到7 212万亩，占土地总面积的26.8%，占林业用地的43.9%，位居全国前列；森林生态效益总值由1 085.8亿元增加到5 413.7亿元，增加了近4倍，进一步筑牢广东省森林生态安全屏障。

2）福建省

福建省于2004年在《关于加快林业发展建设绿色海峡西岸的决定》中提出建立森林生态效益补偿资金制度，资金来源为中央财政补助和省、市各级财政资金。从2006年起，福建省根据城市工业用水和生活用水量，综合考虑各地公益林数量及其对流域的贡献大小和经济发展水平，按每年每吨用水量承担生态补偿金0.1元、0.05元、0.06元3种标准筹集生态补偿资金，期限为3年。2012年，提出通过收取森林资源补偿费，适当提高用地成本，控制林地不合理消耗，引导科学合理节约利用林地。从2013年起，对使用重点生态区位商品林、省级生态公益林、国家级生态公益林林地的，分别按照30元/m^2、60元/m^2、90元/m^2标准收取森林资源补偿费。随着资金的增多，补偿标准也逐渐提高，至2020年，全省国家级公益林国有部分补助标准已提高到11.75元/亩，省级公益林补助标准为21.75元/亩。

3）浙江省

浙江省2004年正式启动森林生态效益补偿基金制度，重点公益林补偿标准为每亩8元，之后逐年加大财政投入力度。2004—2019年，浙江省提高公益林生态补偿标准共10次：2006年，省政府决定将重点公益林的补偿标准由原来的每亩8元提高到每亩10元；2007年，浙江省开展公益林分类补偿试点，提高重点公益林的补偿标准，达到每亩12元；2011年，《浙江省森林生态效益补偿基金管理办法》（浙财农〔2011〕552号）明确规定采取分类补偿与分档补助相结合的公益林管理方式，补偿标准提高到每亩23.75元；2016年，实行公益林差别化补偿政策，公益林最低补偿标准为每亩38.75元，主要干流和重要支流源头县及国家级和省级自然保护区等重要区域省级以上公益林的最低补偿标准提高到每亩35元；2017年，再次将重要区域省级以上公益林的最低补偿标准提高到每亩 40 元。根据《浙江省森林生态效益补偿资金管理办法》（浙财建〔2019〕10 号），全省将以每三年为一个周期，每期对补偿标准、补偿政策、绩效目标进行评估，适时调整。

3.4.2.4 矿产资源开发生态补偿

我国矿产资源生态补偿主要以国家政策形式开展实施，地方同时进行自主性探索实践，相关制度的建立最早源于 1986 年出台的《中华人民共和国矿产资源法》及 1989 年实施的《土地复垦规定》，整体内容主要针对采矿引起的地质灾害、土地复垦，以及废水、废物的利用。

1994 年，国务院发布《矿产资源补偿费征收管理规定》（国务院令第 150 号），明确矿产资源补偿费的计征方式。由于存在一些矿产品计征销售收入核定缺乏统一标准等问题，2013 年，国土资源部颁布《关于进一步规范矿产资源补偿费征收管理的通知》（国土资发〔2013〕77 号），对难以核定销售价格或销售收入的矿产资源补偿费进行了规定。同年，国家设立矿山地质环境专项资金，支持地方开展历史遗留矿山的地质环境治理。

2006 年，国土资源部、财政部联合发布《关于逐步建立矿山环境治理和生态恢复责任机制的指导意见》（财建〔2006〕215 号），要求地方依据新矿山设计年限或已服役矿山的剩余寿命，以及环境治理和生态恢复所需要的费用等因素，确定按矿产品销售收入的一定比例，由矿山企业分年预提矿山环境治理恢复保证金，并列入成本。

自国家提出矿山环境治理和生态恢复责任制度以来，已有 30 个省（区、市）建立了矿山环境恢复治理保证金制度。截至 2012 年年底，已有 80%的矿山缴纳了保证金，累计 612 亿元，占应缴总额的 62%。

由于矿山地质环境治理恢复保证金制度存在诸多问题，2016 年，国土资源部等五部门联合发布了《关于加强矿山地质环境恢复和综合治理的指导意见》（国土资发〔2016〕63 号）；2017 年，财政部等部门联合发布了《关于取消矿山地质环境治理恢复保证金 建立矿山地质环境治理恢复基金的指导意见》（财建〔2017〕638 号），确定通过建立基金方式筹集治理恢复资金。

3.4.2.5 草原生态补偿

从 2011 年开始，国家在内蒙古、西藏等 8 个主要草原牧区省份启动实施草原生态保护补助奖励政策（以下简称草原补奖政策）。2012 年，又将河北、山西、辽宁、吉林、黑龙江 5 省及黑龙江省农垦总局纳入补奖范围，实现对全国牧区、半牧区县（市、旗）全覆盖。自 2016 年起，国家实施新一轮草原补奖政策，将禁牧补助标准由 6 元/亩提高到 7.5 元/亩，草畜平衡奖励资金测算标准由 1.5 元/亩提高到 2.5 元/亩，扩大政策实施范围至张家口市、承德市接坝地区草原面积较大的区域。此外，为进一步加强草原生态保护与恢复，2020 年，中央财政安排草原生态修复治理补助 31.93 亿元，重点用于退化草原生态修复治理、草种繁育、草原有害生物防治等，各省份统筹安排用于辖区内草原生态修复治理。

3.5 税收优惠政策

税收优惠是对主动积极进行环境治理的排污者给予减免税照顾，这些税收优惠涉及增值税、企业所得税、车船税、车辆购置税等税种。

3.5.1 增值税

增值税是对商品在流转过程中产生的增值额征收的一种流转税。增值税中与环境保护相关的税收优惠政策主要是从资源综合利用的角度进行规定的，包括免征和即征即退两种优惠。

（1）免征

2001 年 6 月 19 日，财政部、国家税务总局发布《关于污水处理费有关增值税政策的通知》（财税〔2001〕97 号），明确各级政府及主管部门委托自来水厂（公司）随水费收取的污水处理费，免征增值税。

为鼓励企业运用合同能源管理机制，加大节能减排技术改造工作力度，2011 年 5 月，财政部、国家税务总局发布《关于促进节能服务产业发展增值税、营业税和企业所得税政策问题的通知》（财税〔2010〕110 号），对节能服务公司提供的符合条件的合同能源管理服务免征增值税；节能服务公司实施符合条件的合同能源管理项目，将项目中的增值税应税货物转让给用能企业，免征增值税。

（2）即征即退

为加快推广新型墙体材料，促进能源节约和耕地保护，2015 年 6 月，财政部、国家税务总局发布《关于新型墙体材料增值税政策的通知》（财税〔2015〕73 号），规定对纳税人销售自产的列入《享受增值税即征即退政策的新型墙体材料目录》的新型墙体材料，实行增值税即征即退 50%的政策。

为推动资源综合利用和节能减排，规范和优化增值税政策，2015 年 6 月，财政部、国家税务总局印发《资源综合利用产品和劳务增值税优惠目录》（财税〔2015〕78 号），对资源综合利用产品和劳务增值税优惠政策进行整合和调整。对纳税人销售自产的资源综合利用产品和提供资源综合利用劳务，实行增值税即征即退政策，退税比例根据综合利用资源产品的不同分为 30%、50%、70%、100%四档。

3.5.2 企业所得税

作为一种与企业所得联系最为密切的税种，随着环境保护观念的逐步加深，企业所得税实行了税额抵免、免征减征、减计收入等一系列关于环境保护的税收优惠政策，以促进企业向着节能环保的方向发展。

（1）税额抵免

根据《中华人民共和国企业所得税法》《关于执行环境保护专用设备企业所得税优惠目录、节能节水专用设备企业所得税优惠目录和安全生产专用设备企业所得税优惠目录有关问题的通知》（财税〔2008〕48号），企业自2008年1月1日起，用自筹资金或银行贷款购置并实际使用列入目录范围的环境保护、节能节水和安全生产专用设备，可以按专用设备投资额的10%抵免当年企业所得税应纳税额；当年应纳税额不足抵免的，可在以后5个年度结转抵免。

（2）免征减征

根据《中华人民共和国企业所得税法》第二十七条、财政部、国家税务总局、国家发展和改革委员会发布的《关于公布环境保护节能节水项目企业所得税优惠目录（试行）的通知》（财税〔2009〕166号），企业从事符合条件的环境保护、节能节水项目，包括公共污水处理、公共垃圾处理、沼气综合开发利用、节能减排技术改造、海水淡化等项目的所得，自项目取得第一笔生产经营收入所属纳税年度起，第一年至第三年免征企业所得税，第四年至第六年减半征收企业所得税。对清洁发展机制基金取得的存款利息、国际金融组织捐款、国债利息、温室气体减排量转让等收入中上缴国家的部分，也免征企业所得税。

2019年4月13日，财政部、国家税务总局、国家发展改革委、生态环境部四部门发布公告，从2019年1月1日至2021年年底，对从事污染防治的第三方企业，减按15%税率征收企业所得税。

（3）减计收入

根据《中华人民共和国企业所得税法》《财政部　国家税务总局　国家发展改革委关于公布资源综合利用企业所得税优惠目录（2008年版）的通知》（财税〔2008〕117号），企业向中华环境保护基金会的捐赠，捐赠额不超过当年会计利润12%的部分，允许税前扣除。另外，企业自2008年1月1日起以《资源综合利用企业所得税优惠目录（2008年版）》规定的资源作为主要原材料，生产国家非限制和非禁止并符合国家及行业相关标准的产品取得的收入，减按90%计入企业当年收入总额。

3.5.3 车船税和车辆购置税

随着社会的进步，车船的大量使用对生态环境产生了很大影响。为助推绿色发展，我国加大了对新能源、小排量、具备环保性质的车船的支持，逐步实施车船税和车辆购置税免征和减征。通过加强对车船的管理，在一定程度上鼓励纳税人购买使用清洁能源、环保功能的车船，起到节能减排的作用。免征车辆购置税的有：城市洒水车，环卫使用的非运输清洗车、垃圾车；对购置的新能源汽车制定优惠政策，免征车辆购置税和车船税；税法还规定，如果车船能够节约能源，就可以减半征收车船税。2017年、2018年，分别制定了对新能源汽车的车辆购置税和车船税的免征政策。2017年12月，财政部、国家税务总局、工业和信息化部、科技部联合印发《关于免征新能源汽车车辆购置税的公告》（财政部公告2017年第172号），自2018年1月1日至2020年12月31日，对购置的新能源汽车免征车辆购置税。对免征车辆购置税的新能源汽车，通过发布《免征车辆购置税的新能源汽车车型目录》实施管理。2018年7月10日，财政部等四部门印发《关于节能新能源车船享受车船税优惠政策的通知》（财税〔2018〕74 号），对排量为 1.6 L 以下（含 1.6 L）的燃用汽油、柴油的乘用车（含非插电式混合动力、双燃料和两用燃料乘用车）减半征收车船税，对新能源车船免征车船税。符合免征减征的节能、新能源汽车，通过发布《享受车船税减免优惠的节约能源使用新能源汽车车型目录》予以公告。

3.6 其他引导性政策

3.6.1 政府和社会资本合作（PPP）

PPP 模式是在基础设施及公共服务领域建立的一种长期合作关系。通常 PPP 模式是由社会资本承担设计、建设、运营、维护基础设施的大部分工作，并通过“使用者付费”及必要的“政府付费”获得合理投资回报。生态环境保护是我国推行 PPP 模式的重点领域，是深化投融资体制改革、实现生态环境多元共治的重要举措。自 2014 年财政部印发《关于推广运用政府和社会资本合作模式有关问题的通知》（财金〔2014〕76 号）以来，财政部、国家发展改革委、生态环境部发布多条政策措施推进生态环境领域 PPP 模式落地，见表 3-27。

表 3-27　生态环境领域 PPP 模式相关政策文件出台情况

时间	发布部门	文件名称	主要内容
2014 年 9 月	财政部	《关于推广运用政府和社会资本合作模式有关问题的通知》（财金〔2014〕76 号）	重点关注城市基础设施及公共服务领域，如城市供水、供暖、供气、污水和垃圾处理等
2014 年 11 月	国务院	《关于创新重点领域投融资机制鼓励社会投资的指导意见》（国发〔2014〕60 号）	在公共服务、资源环境、生态建设、基础设施等重点领域进一步创新投融资机制

时间	发布部门	文件名称	主要内容
2015年5月	国务院办公厅	《转财政部、国家发展改革委、中国人民银行关于在公共服务领域推广政府和社会资本合作模式指导意见的通知》（国办发〔2015〕42号）	在能源、交通运输、水利、环境保护、农业等公共服务领域，广泛采用政府和社会资本合作模式
2015年4月	财政部、环境保护部	《关于推进水污染防治领域政府和社会资本合作的实施意见》（财建〔2015〕90号）	在水污染防治领域大力推广运用政府和社会资本合作（PPP）模式
2015年6月	财政部	《关于进一步做好政府和社会资本合作项目示范工作的通知》（财金〔2015〕57号）	地方各级财政部门要在能源、交通运输、水利、环境保护、农业、林业等公共服务领域筛选征集适宜采用PPP模式的项目
2016年10月	财政部	《关于在公共服务领域深入推进政府和社会资本合作工作的通知》（财金〔2016〕90号）	在垃圾处理和污水处理两个领域开展PPP强制试点
2016年6月	财政部、环境保护部	《关于申报水污染防治领域PPP推介项目的通知》（财建〔2016〕453号）	遴选优质水污染防治领域PPP项目开展推介
2016年8月	国家发展改革委	《关于切实做好传统基础设施领域政府和社会资本合作有关工作的通知》（发改投资〔2016〕1744号）	做好能源、交通运输、水利、环境保护、农业、林业以及重大市政工程等基础设施领域PPP推进工作
2016年10月	国家发展改革委	《传统基础设施领域实施政府和社会资本合作项目工作导则》（发改投资〔2016〕2231号）	适用于在能源、交通运输、水利、环境保护、农业等传统基础设施领域采用PPP模式的项目
2016年11月	住房和城乡建设部、国家发展改革委、财政部、国土资源部、中国人民银行	《关于进一步鼓励和引导民间资本进入城市供水、燃气、供热、污水和垃圾处理行业的意见》（建城〔2016〕208号）	鼓励民间资本进入城市供水、燃气、供热、污水和垃圾处理等行业

时间	发布部门	文件名称	主要内容
2017年4月	国家发展改革委办公厅	《政府和社会资本合作（PPP）项目专项债券发行指引》（发改办财金〔2017〕730号）	募集资金主要用于发行以特许经营购买服务等PPP形式开展项目建设、运营的企业债券
2017年7月	财政部、住房和城乡建设部、农业部、环境保护部	《关于政府参与的污水、垃圾处理项目全面实施PPP模式的通知》（财建〔2017〕455号）	政府参与的新建污水、垃圾处理项目全面实施PPP模式，有序推进存量项目转型为PPP模式
2017年11月	财政部办公厅	《关于规范政府和社会资本合作（PPP）综合信息平台项目库管理的通知》（财办金〔2017〕92号）	严格新项目入库标准、集中清理已入库项目
2019年3月	财政部办公厅	《关于推进政府和社会资本合作规范发展的实施意见》（财金〔2019〕10号）	按照“实质重于形式”原则，污水、垃圾处理等依照收支两条线管理
2020年2月	财政部办公厅	《关于印发污水处理和垃圾处理领域PPP项目合同示范文本的通知》（财办金〔2020〕10号）	污水处理厂网一体化和垃圾处理PPP项目合同示范文本

生态环境领域PPP项目数量和规模在2014—2016年实现了较快的增长。2017年后，受防范金融风险、PPP入库合规性审查趋严等因素影响，入库项目数量和投资规模在达到高峰后呈现明显下降趋势。数据显示，截至2021年1月，PPP项目管理库项目9 935个，投资额15.3万亿元。其中，生态建设和环境保护项目944个，投资额1.0万亿元，分别占比9.5%、6.9%。示范项目中，生态建设和环境保护项目共84个，投资额1 373亿元，分别占比9.1%、6.7%。

3.6.2 政府投资性基金

党的十八届五中全会明确要求“发展绿色金融，设立绿色发展基金”。2016 年，20 国集团会议（G20）财长和央行行长会议对政府通过绿色金融带动民间资本进入绿色投资领域达成共识，明确提出建立绿色发展基金。《中共中央 国务院关于服务实体经济防控金融风险深化金融改革的若干意见》（2017 年）、《中共中央 国务院关于全面加强生态环境保护坚决打好污染防治攻坚战的意见》（2018 年）等文件均对设立国家绿色发展基金进行了部署，使得设立国家绿色发展基金正式进入“快车道”。

2019 年，经国务院批准，财政部会同生态环境部、上海市人民政府发起设立国家绿色发展基金。至 2020 年 7 月，该基金正式注册挂牌投入运营，共募集资金 885 亿元。其中，除中央财政出资 100 亿元，还包括长江经济带沿线 11 省（市）、部分金融机构和相关行业企业筹集的资金。通过政府出资撬动社会资本投入，实行市场化运作，充分发挥市场主体作用，聚焦绿色发展，重点投向长江经济带沿线 11 省（市）污染治理、生态修复和国土空间绿化、能源资源节约利用、绿色交通和清洁能源等领域。

此外，为调动社会力量投入土壤污染防治的积极性，进一步加大土壤污染防治资金投入力度，2020 年 1 月，财政部会同相关部门出台《土壤污染防治基金管理办法》，鼓励引导地方设立省级土壤污染防治基金，探索将财政的支持方式由“拨款”转为“投资”，实现治理资金从“只能使用一次”向“滚动回收使用”转变，进一步提高资金使用效益。截至 2021 年 1 月，湖南、江苏、吉林三省已发起设立省级土壤污染防治基金。基金规模和投向情况见表 3-28。

表 3-28 地方土壤污染防治基金设立情况

序号	省份	设立日期	募集规模	基金投向
1	湖南	2020年11月	12亿元	土壤污染防治，助力全省“净土保卫战”
2	江苏	2020年12月	20亿元	农用地土壤污染防治、土壤污染责任人或者土地使用权人无法认定的土壤污染防治、重点行业企业用地污染和相关工业园区的土壤污染风险监测及管控、具备土壤污染防治和修复技术研发及转化能力的企业或项目
3	吉林	2021年1月	3亿~5亿元	农用地土壤污染防治（含受污染耕地安全利用），工矿用地、公共设施场地等土壤污染防治，土壤污染治理与修复技术研发、工程设计和施工等相关产业发展

3.6.3 财政风险补偿

财政风险补偿是通过财政资金设立风险补偿资金池，为企业开展生态环境治理项目或环保产业发展提供贷款增信和风险补偿，其本质是一款绿色金融产品，通过财政资金引导带动金融资金流向生态环境领域。江苏省 2018 年试行的“环保贷”业务就是财政风险补偿的具体实践，其由江苏省财政厅、生态环境厅及合作银行（首期共三家）共同设立，以财政风险补偿资金池为增信手段，引导合作银行为省内环保企业开展污染防治、环保基础设施建设、生态保护修复及环保产业发展等提供贷款，解决企业贷款过程中的抵押担保困难以及银行利率上浮较大等实际问题。江苏省财政安排 4 亿元设立生态环保贷款风险补偿资金池，最高为项目库内项目提供 70%的贷款本金风险补偿。合作银行按照“独立审贷”的原则，对项目库内项目，按照单一项目贷款余额不超过 5 000 万元、贷款期限不少于 1 年不超过 5 年进行放贷。合作期限内，合作银行按资金池 20 倍比例放大，提供不少于 80 亿元的环保专项贷款额度。

2018—2020 年，“环保贷”已向 140 余个项目开展贷款投放，累计贷款投放额 60 余亿元，风险资金池累计风险分担金额 20 余亿元，为企业节约融资成本 5 800 余万元。从推进成效来看，三家银行投贷项目数量及投贷总额均差距较大。从支持项目类型来看，节能环保服务项目投贷笔数最多，说明节能环保产业类企业融资需求迫切。从支持企业类型来看，“环保贷”投贷项目中，民营企业项目数量占比约 66%，贷款规模占总贷款额的 50%左右，说明较国有企业而言，民营企业项目数量多但单个项目贷款规模较小。从投放项目地区分布来看，苏南地区最多，苏中地区次之，苏北地区最少，可能原因有两个：一是受当前经济下行压力较大影响，银行风险偏好转移，经济越发达地区获得银行信贷及相应金融资源越多；二是与各地对“环保贷”业务的推进力度有关。

4

生态环境财税约束型政策状况

4.1 生态环境保护税收政策

生态环境保护税收政策是国家为了实现具体的环境目标、提高环境保护资金收入、强化纳税人环境保护行为而开征的多个税种和采取的一系列税收措施组成的一个特殊税收体系。现行税制中的环境保护税、消费税、资源税等税种体现了节约资源、保护环境的意图，为促进生态环境保护发挥了积极作用。

4.1.1 环境保护税

环境保护税是以保护环境为目的，针对污染、破坏环境的特定行为设立的专门性税种。

（1）演进历程

环境保护税源于排污收费制度。我国于 1979 年开始排污收费试点工作，通过收费促使企业加强环境治理、减少污染物排放，对防治污染、保护环境起到了重要作用，但在实际执行中存在执法刚性不足等问题。为解决这些问题，党的十八届三中、四中全会明确提出“推动环境保护费改税”“用严格的法律制度保护生态环境”。2014 年《政府工作报告》和《2014 年中央和地方预算草案的报告》再次涉及加快推动环境保护税立法工作等内容。同年 11 月，财政部同环境保护部、国家税务总局将形成的《中华人民共和国环境保护税法（草案稿）》报送国务院。2015 年，国务院将三部门起草的《中华人民共和国环境保护税法（草案稿）》及说明全文公布，向社会各界征求意见，并于 2017 年 4 月正式颁布、2018 年 1 月正式实施，标志着环境保护税正式成为一个税种，被纳入我国现代税制体系。

（2）纳税规定

与排污费制度的征收对象相衔接，环境保护税的征税对象是直接向环境排放应税污染物的企业事业单位和其他生产经营者，污水集中处理、生活垃圾集中处理场所和固体废物贮存场所超过排放标准的也需缴纳。应税污染物包括大气污染物、水污染物、固体废物和噪声 4 类。计税依据主要是污染物排放当量，计量较为复杂，且大气、水、固体废物、噪声等计量标准不尽相同。税率实现排污费制度向环境保护税制度的平稳转移，大气污染物、水污染物以排污费标准为税额下限。而且为鼓励治污减排，规定了暂予免税和减税政策，例如，纳税人排放应税大气污染物或水污染物浓度值小于规定标准 30%的，减按 75%征收；小于 50%的，减按 50%征收。在环境保护税收入归属上，2017 年 12 月，国务院发布通知，决定将其全部作为地方收入，以促进地方增加环境保护投入。环境保护税计税单位和适用税额见表 4-1。

表 4-1 环境保护税税目税额

税目		计税单位	税额	备注
大气污染物		污染当量	1.2～12 元	
水污染物		污染当量	1.4～14 元	
固体废物	煤矸石	t	5 元	
	尾矿	t	15 元	
	危险废物	t	1 000 元	
	冶炼渣、粉煤灰、炉渣、其他固体废物（含半固态、液态废物）	t	25 元	
噪声	工业噪声	超标 1～3 dB	每月 350 元	①一个单位边界上有多处噪声超标，根据最高一处超标升级计算应纳税额；当沿边界长度超过 100 m 有两处以上噪声超标，按照两个单位计算应纳税额；②一个单位有不同地点作业场所的，应当分别计算应纳税额，合并计征；③昼、夜均超标的环境噪声，昼、夜分别计算应纳税额，累计计征；④声源一个月内超标不足 15 天的，减半计算应纳税额
		超标 4～6 dB	每月 700 元	
		超标 7～9 dB	每月 1 400 元	
		超标 10～12 dB	每月 2 800 元	
		超标 13～15 dB	每月 5 600 元	
		超标 16 dB 以上	每月 11 200 元	

（3）收入情况

随着计税依据和计税方法的规范，环境保护税收入整体呈增长趋势。2018—2020 年，全国累计环境保护税收入 579 亿元，各年分别为 151 亿元、221 亿元、207 亿元，2019 年、2020 年分别较 2018 年增长 46.3%、37.1%，但受新冠肺炎疫情影响，2020 年较 2019 年略有下降，降幅为 6.3%。

（4）存在的问题

环境保护税法实施后，执法刚性得到加强，过去企业欠缴、漏缴、少缴甚至不缴问题得以解决，征收效果较为显著。但由于基本是“平移”了原来的排污费制度，实施中仍存在一些问题：一是征收范围狭窄，仅对大气、水、固体废物和噪声 4 类环境污染物征收，其他如挥发性有机污染物、光学污染物、二氧化碳等，均被排除在征税范围之外，减弱了调控相关环境行为的作用。二是征收税率较低，调节效果不佳，最低征收标准仍相当于排污费的最低标准，低于实际治理成本的空间较大，对企业来说，高成本、高花费地治理污染不如纳税合适，失去主动节能减排的动力，并且征税根据污染物排放多少来计算所缴税额，并不考虑污染程度高低，排放量相同承担税负也相同，明显不能很好地限制重度污染物排放。三是税收优惠不完善，激励作用不明显。如对于农业源、机动车等造成的污染，没有根据具体污染行为给予减税鼓励，而是按行业或征缴能力进行免征或者永久性优惠等。

4.1.2 消费税

消费税是以消费品的流转额作为征税对象的各种税收的统称，是向消费品征收的税项，征收环节单一，多数在生产或进口环节征收。

（1）演进历程

1993 年 12 月 13 日，国务院印发《中华人民共和国消费税暂行条例》（国务院令第 135 号），确定自 1994 年 1 月 1 日起开征消费税，将烟酒、汽油、柴油等高污染和高消费的 11 类特殊消费品列为征收范围。此时，征收消费税不仅是为了增加财政收入，更多的是为了调节产品结构、引领消费方向。2006 年，财政部、国家税务总局联合发文，进行消费税改革，对消费税税目、税率及相关政策进行调整。此次税改是消费税自 1994 年实施以来进行的最大规模的一次调整，将消费应税品从 11 大类增加到 14 大类。其中，扩大了石油制品的消费税征收范围，新设成品油税目；为了增强人们的环保意识、引导消费和节约木材资源，增加木制一次性筷子税目；为了鼓励节约使用木材资源、保护生态环境，增加实木地板税目。2008 年 11 月，国务院提高成品油单位税额，修订并发布《中华人民共和国消费税暂行条例》，再次优化税制结构，扩大石油制品征税范围并对木质一次性筷子、实木地板征收消费税，表明了以税收手段促进环境保护和资源节约的政策取向。此外，2008 年以后也进行了一系列微调，2009 年 5 月，大幅提高了卷烟消费税的税率；2014 年，为促进节能环保，经国务院批准，自 2015 年 2 月 1 日起对电池、涂料征收消费税。

（2）纳税规定

消费税的征税范围包括：烟，酒，鞭炮、焰火，高档化妆品，成品油，贵重首饰及珠宝玉石，高尔夫球及球具，高档手表，游艇，木制一次性筷子，实木地板，摩托车，小汽车，电池，涂料 15 个税目，与生态环境保护密切相关的税目共 7 个，具体如下：

1）烟。以烟叶为原料加工生产的产品，不论使用何种辅料，均属于征收范围，设甲类卷烟、乙类卷烟、批发环节、雪茄烟、烟丝 5 个子目。

2）鞭炮、焰火。包括各种鞭炮、焰火。通常分为 13 类，即喷花类、旋转类、旋转升空类、火箭类、吐珠类、线香类、小礼花类、烟雾类、造型玩具类、爆竹类、摩擦炮类、组合烟花类、礼花弹类。

3）成品油。包括汽油、柴油、石脑油、溶剂油、航空煤油、润滑油和燃料油 7 个子目。

4）木制一次性筷子。以木材为原料经过锯段、浸泡、旋切、刨切、烘干、筛选、打磨、倒角、包装等环节加工而成的各类一次性使用的筷子。

5）实木地板。包括各类规格的实木地板、实木指接地板、实木复合地板及用于装饰墙壁、天棚的侧端面为榫、槽的实木装饰板。

6）电池。包括原电池、蓄电池、燃料电池、太阳能电池和其他电池。

7）涂料。包括涂于物体表面能形成具有保护、装饰或特殊性能的固态涂膜的一类液体或固体材料。

各子目适用税率见表 4-2。

表 4-2　环境保护相关消费税征收范围和适用税率

序号	税目	子税目	税率
一	烟		
1		甲类卷烟	56%加 0.003 元/支
2		乙类卷烟	36%加 0.003 元/支
3		批发环节	11%加 0.005 元/支
4		雪茄烟	36%
5		烟丝	30%
二	鞭炮、焰火		15%
三	成品油		
1		汽油	1.52 元/L
2		石脑油	1.52 元/L
3		溶剂油	1.52 元/L
4		润滑油	1.52 元/L
5		柴油	1.2 元/L
6		航空煤油	1.2 元/L
7		燃料油	1.2 元/L
四	木制一次性筷子		5%
五	实木地板		5%
六	涂料		4%
七	电池		4%

（3）收入情况

消费税征收范围的扩大和税率水平的提高带动消费税收入不断上涨，从1994年的487.4亿元增长至2020年的12 028.0亿元，增长了23.7倍，年均增长13.1%（图4-1）。2020年，消费税收入占整个税收收入的7.8%左右，对增加财政收入、调节收入水平、引导健康消费、调整产业结构起到了积极作用。

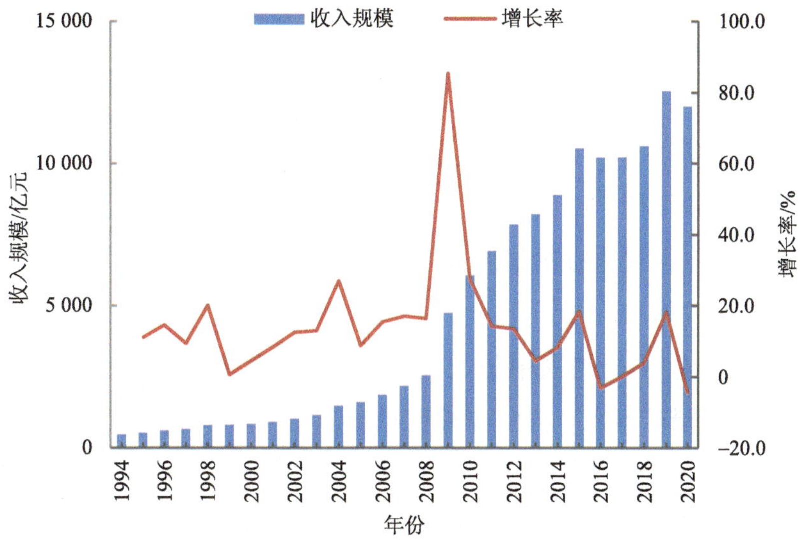

图4-1　1994—2020年消费税收入规模及增长率情况

（4）存在的问题

消费税部分应税对象的税率较低，在抑制消费、促进环境保护方面的作用有限。以柴油税为例，税率为每百升120元，而德国为每百升600元，美国为每百升510元。较低的税率并不能提高生产成本来阻止生产者大量生产，更不能让消费者意识到他们的行为习惯造成的危害，环保效果也没达到。另外，消费税征税范围还不够广泛。目前除15个税目外，一些环境污染严重或者资源浪费严重的消费品没有被列入其中，如一次性塑料制品、含磷洗涤剂等。

4.1.3 资源税

资源税是对在我国境内开采和生产应税的矿产品和盐资源征收的一种税，开征目的主要是调节资源开采中的级差收入。资源税对促进资源节约集约利用、加强生态环境保护都发挥了重要作用。

（1）演进历程

1984 年 9 月 18 日，国务院发布《中华人民共和国资源税条例（草案）》和《中华人民共和国盐税条例（草案）》，并于同年 10 月 1 日起试行，资源税开征税目涉及煤炭、石油和天然气 3 种。开征以来，资源税历经范围扩大，税额标准调整，新疆原油、天然气从价计征试点及扩围至 12 个省（区、市）等。

1993 年，出台的《中华人民共和国资源税暂行条例》遵循“普遍征收、级差调节”原则，将资源税征税范围进一步扩大到煤炭、天然气、石油、其他非金属矿原矿、黑色金属矿原矿、有色金属矿原矿和盐 7 类，根据资源开采条件和资源优劣设置不同的从量定额税率。部分省份在国家规定框架下尝试扩大资源税征税范围，如山东针对页岩、天然矿泉水以及建筑用砂、黏土和其他建筑石料征税，广西和陕西等省份针对非金属矿原矿和各种矿石资源征税。2010 年 6 月，新疆试点原油、天然气资源税改革，实行从价计征，税率为 5%。2011 年，国务院修订《中华人民共和国资源税暂行条例》，财政部发布实施细则，进一步扩大征收范围，将原油、天然气从价计征改革推向全国，并将部分资源税税目的开征权限下放到省级政府。

党的十八届三中全会以来，我国的资源税费改革主要体现在改革计征方式和调整应税产品税额标准、开展水资源税改革试点、全面清理涉及矿产资源的收费基金等方面。在 2012 年广东、广西地区进行的天然气价格形成机制改革试点以及 2013 年部分地区部分金属和非金属矿资源税从价计征改革试点的基础上，继煤炭资源以及稀土、钨、钼资源分别在 2014 年和 2015 年资源税从价计征后，2016 年，资源税从价计征扩展到《资源税税目税率幅度表》列举名称的 21 种资源品目和未列举名称的其他金属矿，未列举的矿产资源则以从价计征为主、从量计征为辅。同时，河北水资源从量计征改革试点扩围至北京、天津等 9 个省份。在资源“清费立税”方面，将原油、天然气、煤炭和矿产资源补偿费费率降为零，相应资源税适用税率由 5%提高至 6%。此外，着力解决税费重叠、功能交叉问题，着手清理涉及煤炭、原油、天然气收费基金项目，停止征收煤炭、原油、天然气价格调节基金等。

2019 年 8 月，《中华人民共和国资源税法》（以下简称《资源税法》）正式通过，以法律形式确立了资源税，以从价计征为主、从量计征为辅的税率形式，使资源税能够更好反映资源价格的市场变化，更好发挥税收在推进生态文明建设方面的引导作用，促进资源集约化使用。

（2）纳税规定

资源税的纳税人为我国境内开采应税资源的单位和个人。应税范围包括能源矿产、金属矿产、非金属矿产、水气矿产、盐 5 类 164 个税目。应纳税额按照应税产品的计税销售额或者销售数量乘以适用税率计算。其中，计税销售额是指纳税人销售应税产品向购买方收取的全部价款和价外费用，不包括增值税销项税额；计税销售数量是指从量计征的应税产品销售数量。现行资源税税目税率见表 4-3。

表 4-3 资源税税目税率

税目		税 率
能源矿产	原油	6%
	天然气、页岩气、天然气水合物	6%
	煤	2%～10%
	煤成（层）气	1%～2%
	铀、钍	4%
	油页岩、油砂、天然沥青、石煤	1%～4%
	地热	1%～20%或者 1～30 元/m^3
金属矿产	铁、锰、铬、钒、钛	1%～9%
	铜、铅、锌、锡、镍、锑、镁、钴、铋、汞	2%～10%
	铝土矿	2%～9%
	钨	6.5%
	钼	8%
	金、银	2%～6%
	铂、钯、钌、锇、铱	5%～10%
	轻稀土	7%～12%
	中重稀土	20%
	铍、锂、锆、锶、铷、铯、铌、钽、锗、镓、铟、铊、铪、铼、镉、硒、碲	2%～10%
非金属矿产	高岭土	1%～6%
	石灰岩	1%～6%或者 1～10 元/t
	磷	3%～8%

税目		税率
非金属矿产	石墨	3%～12%
	萤石、硫铁矿、自然硫	1%～8%
	天然石英砂、脉石英、粉石英、水晶、工业用金刚石等	1%～12%
	叶腊石、硅灰石、透辉石、珍珠岩等	2%～12%
	其他黏土（铸型用黏土、砖瓦用黏土、陶粒用黏土、水泥配料用黏土、水泥配料用红土、水泥配料用黄土等）	1%～5%或者 0.1～5 元/t
	大理岩、花岗岩、白云岩、石英岩等	1%～10%
	砂石	1%～5%或者 0.1～5 元/t
	宝石、玉石、宝石级金刚石、玛瑙、黄玉、碧玺	4%～20%
水气矿产	二氧化碳气、硫化氢气、氦气、氡气	2%～5%
	矿泉水	1%～20%或者 1～30 元/m^3
盐	钠盐、钾盐、镁盐、锂盐	3%～15%
	天然卤水	3%～15%或者 1～10 元/t
	海盐	2%～5%

（3）收入情况

资源税实行以来，税收逐年提高，特别是 2010 年以新疆为试点的资源税改革启动和推广之后，将原油和天然气从量计征改为从价计征，收入较以往有了较大幅度的提高，有效地抑制了因煤炭、石油等能源的开采导致的生态环境的破坏，减少了因燃烧这些能源而带来的环境污染。2002—2020 年，资源税收入规模从 75.1 亿元增长至 1 755 亿元，增长了 22 倍，年均增长 19.1%（图 4-2）。

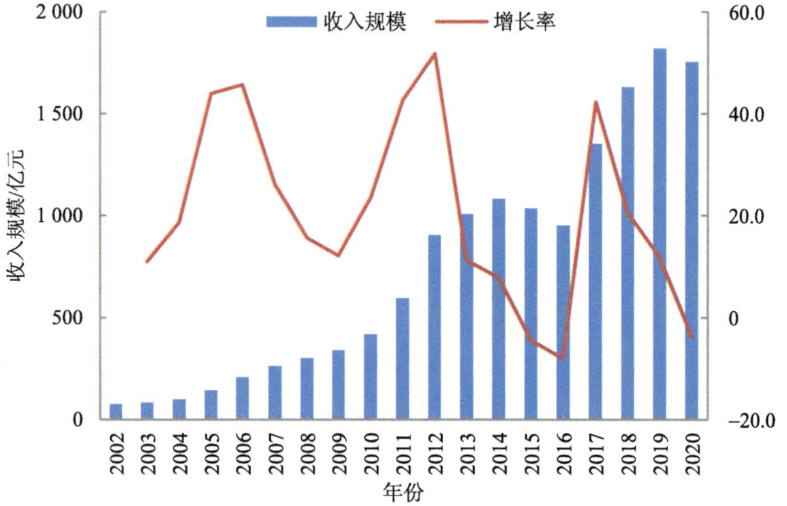

图 4-2　2002—2020 年资源税收入规模及增长率情况

（4）存在的问题

目前，我国的资源税征税范围较窄，仅是矿产品、固体盐、液体盐，还有很多资源没有被纳入征税目录。虽然《资源税法》规定地方可根据当地需求和自己的意愿，通过国务院的审批，把滩涂、森林和草场等资源作为征税对象，但这一举措在现实中缺乏可操作性。而且地方政府对保护资源的意识不强，缺乏相关的管理常识和方法经验，很难达到预期的效果。此外，水资源属于不可再生资源，但水资源税仅在 9 个省份进行试点征收，并没有扩大到全国，也不利于资源环境的整体保护。

4.1.4　城市维护建设税

城市维护建设税是为加强城市公用设施和公共设施的维护建设，以纳税人实际缴纳的增值税、消费税的税额为计税依据，依法计征的一种附加税。

（1）演进历程

为加强城市建设资金管理，1985 年 2 月，国务院发布《中华人民共和国城市维护建设税暂行条例》（国发〔1985〕19 号）（以下简称《城市维护建设税暂行条例》），确定从 1985 年起开征城市维护建设税。开征以后，城市维护建设税历经计税依据、内外资企业统一等调整完善，其流转税附加性质及按地域确定不同税率的办法始终未进行调整。

1994 年的分税制改革中，城市维护建设税基本没有变动，仅将计税依据由老三税（产品税、增值税、营业税）改为新三税（增值税、消费税、营业税）。《城市维护建设税暂行条例》起初规定对“三资企业”暂不征收，对吸引外商投资起到了一定作用。但随着改革开放和市场经济发展，从市场公平角度出发，有必要对外商投资企业开征城市维护建设税。2010 年 10 月，国务院发布《关于统一内外资企业和个人城市维护建设税和教育费附加制度的通知》（国发〔2010〕35 号），统一内外资企业和个人的城市维护建设税制度。2016 年 5 月，营业税改增值税全面推开后，城市维护建设税的计税依据也随之调整为两税（增值税、消费税）。2020 年 8 月，《中华人民共和国城市维护建设税法》正式发布，开始在法律层面规范城市维护建设税。

（2）纳税规定

城市维护建设税的征税范围为“缴纳增值税、消费税的单位和个人”，税率根据纳税人所在城市、县城或镇等不同的行政区域分别规定不同比例的税率。具体规定为：纳税人所在地为市区的，税率为 7%；纳税人所在地为县城、镇的，税率为 5%；纳税人所在地不是市区、县城或镇的，税率为 1%。应纳税额的计算按照计税依据乘以具体适用税率。

（3）收入情况

城市建设维护税的税收收入专门用于城市和乡镇的公用事业和公

共设施的维护建设，例如，住宅、道路、桥梁、防洪、给水、排水、供热、轮渡、园林绿化、环境卫生以及公共消防、交通标志、路灯照明等。2002—2020年，城市维护税收入规模从470.8亿元增长至4 608.0亿元，增长了近9倍，年均增长13.5%，详情见图4-3。

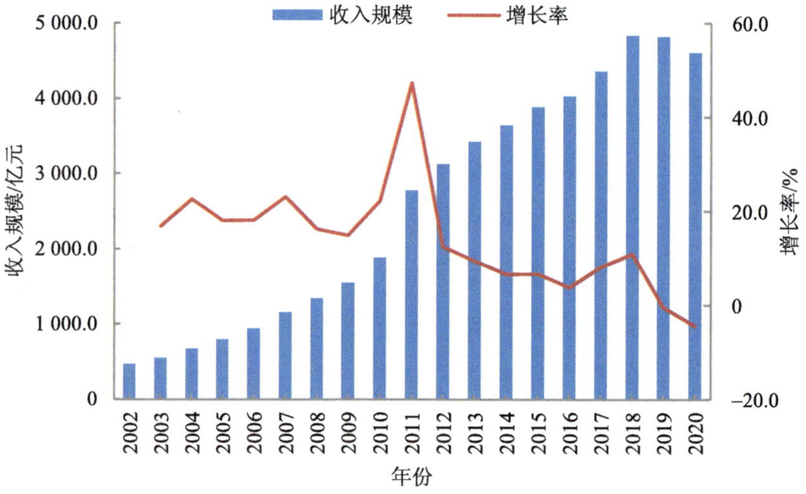

图4-3　2002—2020年城市维护建设税收入规模及增长率情况

城市维护建设税为城市公共设施服务提供了重要资金支持，但因其使用面非常广泛，几乎涵盖公用事业和公共设施的所有领域，难以准确判断其在污染防治领域发挥的作用。

4.2　生态环境保护收费政策

4.2.1　污水处理费

污水处理费是按照“污染者付费”原则，由排水单位和个人缴纳并专项用于城镇污水处理设施建设、运行和污泥处理处置的资金。污水处理费属于政府非税收入，全额上缴地方国库，纳入地方政府性基金预算管理，实行专款专用。

（1）演进历程

1）收费试点

我国正式实施污水处理收费是在 1996 年《中华人民共和国水污染防治法》第一次修正之后。该法规定，居民、工业和商业用户需缴纳污水处理费。1997 年，财政部发布《关于淮河流域城市污水处理收费试点有关问题的通知》（财综字〔1997〕111 号），在淮河流域开展污水处理收费征收试点。

2）收费普及

在“三河三湖”流域城市征收污水处理费的基础上，到 2000 年年底，全国有 200 多个城市开征了污水处理费，大多数城市对居民的收费标准在 0.2～0.3 元/m^3，对工业污水的收费标准与居民的持平或略高。2002 年，国家计委、建设部、国家环保总局联合发布的《关于推进城市污水、垃圾处理产业化发展的意见》（计投资〔2002〕1591 号）指出：已建污水、垃圾处理设施的城市都要立即开征污水和垃圾处理费，其他城市应在 2003 年年底以前开征。征收的污水处理费要能够补偿城市污水处理厂运营成本和合理的投资回报。有条件的城市，可适当考虑征收污水管网的建设费用。

3）收费提高

2007 年以来，国家层面不断提出完善污水处理收费制度。2007 年，国务院关于节约能源保护环境工作情况的报告中指出，2010 年之前所有城镇污水处理费标准要提高到 0.8 元/m^3 以上；2014 年 12 月，财政部、国家发展改革委、住房和城乡建设部发布的《污水处理费征收使用管理办法》（财税〔2014〕151 号）指出：污水处理费的征收标准按照覆盖污水处理设施正常运营和污泥处理处置成本并合理盈利的原则制定；2015年1月，国家发展改革委、财政部、住房和城乡建设部印发《关于制定和调整污水处理收费标准等有关问题的通知》（发改价格〔2015〕119号），要求2016年年底前，设市城市污水处理收费标准原则上每吨应调整至居民不低于0.95元，非居民不低于1.4元；县城、重点建制镇原则上每吨应调整至居民不低于0.85元，非居民不低于1.2元。2018年7月2日，国家发展改革委发布《关于创新和完善促进绿色发展价格机制的意见》（发改价格规〔2018〕943号），明确了行业争议多年的污水处理全成本边界：按照补偿污水处理和污泥处置设施运营成本（不含污水收集和输送管网建设运营成本）并合理盈利的原则，制定污水处理费标准，并明确了具体时限要求——到2020年年底前，城市污水处理费标准与污水处理服务费标准大体相当。

（2）各地污水处理收费标准

在国家政策引导下，各地污水处理收费标准不断提升，不同地区收费标准差异不大。以全国36个大中城市为例，居民生活污水处理收费方面，2019年收费标准基本调整至0.95元/m^3或之上，平均为1.0元/m^3，收费范围为0.50～1.70元/m^3，高于1.0元/m^3的有上海、南京、北京等13个城市，低于该标准的有深圳、太原、拉萨3个城市。非居民污水处理收费方面，收费标准为0.50～3.0元/m^3，平均为1.52元/m^3，上海、南京、北京等5个城市收费水平高于1.52元/m^3，其余城市均低于该标准。特种行业污水处理收费方面，收费标准为0.50～3.0元/m^3，平均为2.0元/m^3，上海、北京等7个城市收费水平高于2.0元/m^3，其余城市均低于该标准。收费情况见表4-4。

表 4-4　2019 年全国 36 个大中城市污水处理费标准　　单位：元/m^3

序号	城市	居民污水处理收费	非居民污水处理收费	特种行业污水处理收费
1	上海	1.70	2.34	2.34
2	南京	1.42	1.95	1.95
3	北京	1.36	3.00	3.00
4	南宁	1.17	1.40	1.40
5	武汉	1.10	1.37	1.37
6	杭州	1.00	2.05	1.75
7	厦门	1.00	1.50	1.80
8	济南	1.00	1.00	1.30
9	重庆	1.00	1.30	1.30
10	贵阳	1.00	1.40	1.40
11	昆明	1.00	1.25	1.25
12	宁波	1.00	1.80	1.80
13	青岛	1.00	1.40	1.40
14	天津	0.95	1.40	1.40
15	石家庄	0.95	1.40	1.40
16	呼和浩特	0.95	0.95	0.95
17	沈阳	0.95	1.40	1.40
18	大连	0.95	1.40	2.00
19	哈尔滨	0.95	1.40	1.40
20	福州	0.95	1.40	1.80
21	南昌	0.95	1.40	1.00
22	长沙	0.95	1.40	1.40
23	广州	0.95	1.40	2.00

序号	城市	居民污水处理收费	非居民污水处理收费	特种行业污水处理收费
24	海口	0.95	1.10	1.10
25	成都	0.95	1.40	1.80
26	西安	0.95	1.42	0.90
27	兰州	0.95	1.40	1.40
28	西宁	0.95	1.09	1.50
29	银川	0.95	1.40	2.00
30	乌鲁木齐	0.95	0.50	0.50
31	长春	0.95	1.40	2.60
32	合肥	0.95	1.40	1.40
33	郑州	0.95	1.40	1.40
34	深圳	0.90	1.05	2.00
35	拉萨	0.80	0.60	2.00
36	太原	0.50	0.80	1.00

注：上海、杭州、宁波、拉萨、成都、深圳、太原非居民污水处理收费细分到不同类型行业时有所差异，此处主要选用工业类企业污水处理收费标准。

（3）污水处理收费规模

由图 4-4 可知，随着污水处理收费标准的不断完善，污水处理收费规模不断提升，已从 2010 年的 161.9 亿元增长至 2020 年的 614.4 亿元，增长了 2.8 倍。从 2017 年各地大幅提高标准后，实现较大规模增长，2017 年较 2016 年增加了 179.8 亿元，增长 61.2%。之后各年，呈现小幅增长。收费规模的提升为污水处理设施运行提供了重要资金保障。

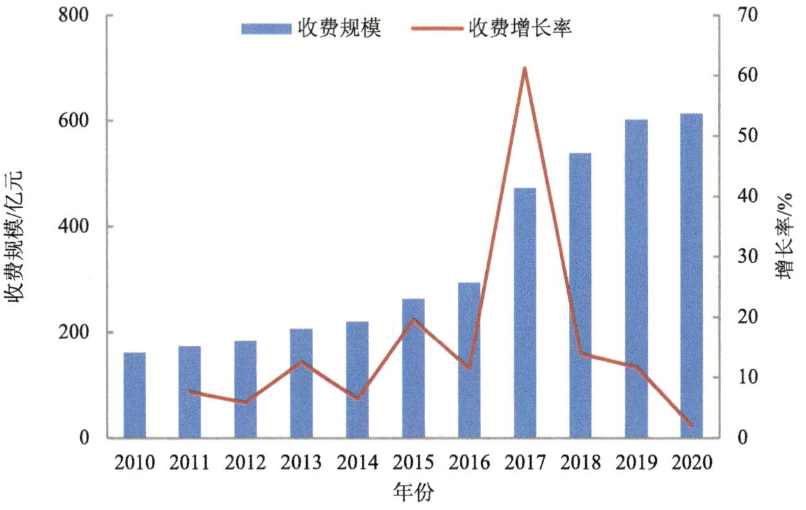

图 4-4　2010—2020 年全国污水处理费情况

据国家发展改革委价格成本调查，2019 年抽样调查的上市公司污水处理完全成本（污水处理厂建设及运营成本）为 1.30 元/m³，污水处理服务费平均为 1.74 元/m³；对比全国 36 个大中城市污水处理费收费标准，大部分城市污水处理费水平未能达到以上水平，不能覆盖成本和服务费水平，尤其是居民污水处理费标准。污水处理作为基本公共服务范畴事务，政府承担兜底责任，当污水处理收费不足以支付污水处理服务费时，以财政资金弥补。从各地实地调研情况看，当前污水处理费标准下，地方财政面临较大补助压力。

4.2.2　垃圾处理收费

按照“谁产出、谁付费”原则，垃圾处理收费是产生垃圾的单位和个人缴纳垃圾处理服务的费用。

（1）演变历程

自 20 世纪 90 年代开始，一些城市开始尝试对垃圾处置实行服务收费，如武汉市和北京市分别在 1996 年、1999 年开征城市生活垃圾处理费，但这一时期的收费标准远低于垃圾收集、运输和处理的生产经营成本，政府仍需投入大量资金。明确提出建立城市生活垃圾收费制度，以 2002 年国家发展计划委员会等四部委发布的《关于实行城市生活垃圾处理收费制度促进垃圾处理产业化的通知》（计价格〔2002〕872 号）为标志。该通知明确要求，所有产生生活垃圾的国家机关、企事业单位、个体经营者、社会团体、城市居民和城市暂住人口等均应按规定缴纳生活垃圾处理费。随后陆续颁布一些与垃圾收费相关的规定制度（表 4-5），并在 2020 年 4 月修订的《中华人民共和国固体废物污染环境防治法》中以法律形式进行明确，提升征收的规范性，激励居民对生活垃圾进行前端分类丢弃和减量化。

表 4-5　垃圾处理收费政策规定

日期	政策名称	主要内容
2002 年 6 月	《关于实行城市生活垃圾处理收费制度促进垃圾处理产业化的通知》（计价格〔2002〕872 号）	所有产生生活垃圾的国家机关、企事业单位（包括交通运输工具）、个体经营者、社会团体、城市居民和城市暂住人口等，均应按规定缴纳生活垃圾处理费
2002 年 9 月	《关于印发推进城市污水、垃圾处理产业化发展意见的通知》（计投资〔2002〕1591 号）	已建有污水、垃圾处理设施的城市都要立即开征污水和垃圾处理费，其他城市应在 2003 年年底以前开征。在城市范围内排水、产生垃圾的单位和个人（包括使用自备水源的），均应缴纳污水处理费和垃圾处理费
2017 年 3 月	《生活垃圾分类制度实施方案》（国办发〔2017〕26 号）	按照“污染者付费”原则，完善垃圾处理收费制度，尽快将垃圾处理收费标准调整到位

日期	政策名称	主要内容
2017年12月	《关于加快推进部分重点城市生活垃圾分类工作的通知》（建城〔2017〕253号）	完善生活垃圾收费政策，逐步建立差别化的收费制度，实现按量收费
2018年6月	《关于创新和完善促进绿色发展价格机制的意见》（发改价格规〔2018〕943号）	按照补偿成本并合理盈利的原则，制定和调整城镇生活垃圾处理收费标准。2020年年底前，全国城市及建制镇全面建立生活垃圾处理收费制度
2020年4月	《中华人民共和国固体废物污染环境防治法》第二次修订	县级以上地方人民政府应当按照产生者付费原则，建立生活垃圾处理收费制度

（2）各地垃圾处理收费标准

目前，我国垃圾处置费没有统一标准，一般由各地政府制定本行政区内的标准。各地计费方式和收费主体都存在较大差异。从计价方式看，大多数城市为定额征收，按人头或户数定额征收，例如重庆市垃圾处置费标准为城市居民每月每户8元，暂住居民每月每户2元；或是从量征收，附征于供水、燃气、供电等公用事业收费，根据居民自来水用量、污水排放量、燃气使用量等采用一定的折现系数法计费，垃圾处置费每月有一定波动，例如深圳市统一采用“排污水量折算系数法”计费，收费标准为0.59元/m^3。从收费主体来看，或是住建、市政、城管部门征收，或是供水、供气等企业征收，或是委托物业公司、居委会等单位征收。

根据《关于创新和完善促进绿色发展价格机制的意见》，要积极推进城镇生活垃圾处理收费方式改革，对非居民用户推行垃圾计量收费，并实行分类垃圾与混合垃圾差别化收费等政策，提高混合垃圾收费标准；对具备条件的居民用户，实行计量收费和差别化收费，加快推进垃圾分类。鼓励城镇生活垃圾收集、运输、处理市场化运营，已经形成充分竞争的环节，实行双方协商定价。北京、上海、南京、广州等大中城市已基本建立了垃圾收费制度，收取的垃圾处理费主要用于城市环境基础设施的建设。部分城市生活垃圾处置收费情况见表 4-6。

表 4-6　部分城市居民生活垃圾处置收费标准

城市	居民生活垃圾处理收费标准	收取部门	计价方式	发布时间
北京	城市生活垃圾处置费：本市居民 3 元/（户·月），外地来京人员 2 元/（户·月）	各街道办事处	定额征收	1999 年 9 月
	生活垃圾清运费：房屋产权人缴纳，30 元/（户·a）；桶装垃圾清运费：120 桶/月	物业公司	定额征收	1999 年 6 月
	委托清运垃圾托运费：25 元/t	垃圾清运单位	从量征收	1999 年 6 月
重庆	城市居民 8 元/（户·月），暂住居民 2 元/（户·月）	燃气公司	定额征收	2011 年 8 月
广州	居民 5 元/（户·月），暂住人员 1 元/（户·月）	城市环境卫生部门	定额征收	2013 年 7 月
深圳	统一采用“排污水量折算系数法”计算，收费标准为 0.59 元/m^3	供水企业	从量征收	2017 年 9 月
杭州	垃圾清运费：10 元/（户·a） 垃圾处置费：10 元/（户·a）	物业公司	定额征收	2009 年 1 月
南京	本市市区范围内的住户（包括居民户、暂住户、其他住户等）5 元/（户·月）	供水公司	定额征收	2017 年 4 月
大连	城市中心区城镇常住人口和外来暂住人口均按照 6 元/（户·月）征收	市公用事业联合收费处或环境卫生管理处	定额征收	2010 年 4 月
哈尔滨	实行“按人计费、按户征收”，每人每月 1.50 元	各区城管部门	定额征收	2018 年 7 月
厦门	一户安装一个水表的，每户按 10 元/月征收；多户安装一个水表的，按当月总用水量除以每户 15 t/月计算，按每户 10 元/月×总户数征收	供水单位	定额征收	2016 年 2 月

（3）垃圾处理收费规模

我国垃圾处理收费属于政府行政事业性收费，纳入一般公共预算统筹使用。从近几年征收情况看，随着收费标准和收费范围的扩大，收入不断增加，从 2010 年的 35.5 亿元增长至 2016 年的 96.3 亿元（图 4-5）。

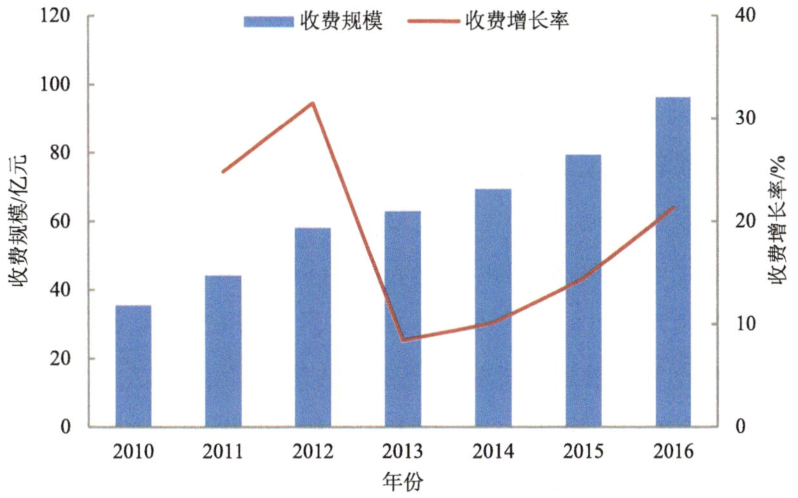

注：2016 年后数据未公布。

图 4-5　2010—2016 年全国垃圾处理收费情况

与污水处理收费相同，当前垃圾处理收费存在的主要问题也是收费与处理成本之间存在较大缺口。其原因主要有两个：一是征收费率标准低，以北京市为例，居民生活垃圾收费标准（含清运和处理费）为每户每年 66 元，仅能覆盖约 20%的成本（包括收集、转运和处理处置的全成本），其余仍由财政补贴；二是收缴率低，据不完全统计，城镇垃圾处理费用收缴率不足 30%，农村比例更低。

4.2.3 政府性基金收费

政府性基金通过可再生能源电价附加收入、废弃电器电子产品处理基金和船舶油污损害赔偿基金等渠道筹集生态环境保护资金。

2011 年，财政部会同国家发展改革委、国家能源局发布《可再生能源发展基金征收使用管理暂行办法》（财综〔2011〕115 号），明确自 2012 年 1 月 1 日起对除西藏以外的各省（区、市）扣除农业生产用电后的销售电量征收电价附加，征收标准为 0.8 分/（kW·h），以专项用于可再生能源发电补贴。2013 年 8 月底，将向除居民生活和农业生产以外其他用电征收的可再生能源电价附加标准由 0.8 分/（kW·h）提高至 1.5 分/（kW·h）；2016 年 1 月，将各省（区、市）（不含新疆、西藏）居民生活和农业生产以外全部销售电量征收标准，由 1.5 分/（kW·h）提高到 1.9 分/（kW·h），至 2021 年 4 月再未发生变化。

2012 年，财政部等六部门发布《废弃电器电子产品处理基金征收使用管理办法》（财综〔2012〕34 号），明确自 2012 年 7 月 1 日起征收废弃电器产品处理基金，征收对象为电器电子产品生产者、进口电器电子产品的收货人或者其代理人，征收电器电子产品范围按照《废弃电器电子产品处理目录》执行。

为保护海洋环境，2012 年，财政部、交通运输部联合发布《船舶油污损害赔偿基金征收使用管理办法》（财综〔2012〕33 号），明确自 2012 年 7 月 1 日起对在水域内接收从海上运输持久性油类物质（包括原油、燃料油、重柴油、润滑油等持久性烃类矿物油）的货物所有人或其代理人征收船舶油污损害赔偿基金，征收标准为每吨持久性油类物质 0.3 元。

2012—2020 年，以上三项政府性基金收费累计 5 640.9 亿元，年收费规模从 205.1 亿元增加至 919.9 亿元，增长了 3.5 倍。其中，可再生能源电价附加收入累计 5 400.3 亿元，占比 95.7%；废弃电器电子产品处理基金收费累计 229.6 亿元，占比 4.1%；船舶油污损害赔偿基金收费累计 11.2 亿元，占比 0.2%（表 4-7）。

表 4-7 2012—2020 年生态环境政府性基金收费情况 单位：亿元

年份	可再生能源电价附加收入	废弃电器电子产品处理基金收费	船舶油污损害赔偿基金收费	合计
2012	196.1	8.5	0.5	205.1
2013	298.0	28.1	1.1	327.2
2014	491.4	28.8	1.1	521.3
2015	514.9	27.2	1.2	543.3
2016	647.8	26.1	1.4	675.3
2017	705.5	28.0	1.5	735.0
2018	786.1	28.7	1.6	816.4
2019	868.1	27.8	1.7	897.6
2020	892.4	26.4	1.1	919.9
合计	5 400.3	229.6	11.2	5 640.9

5

财政政策的环境治理效应评价

本章将以生态环境财政支出政策为代表，实证分析财政政策的环境治理效应。这是因为财政支出是最直接、最有效的政策手段，且从省级层面出发，财政补贴、绿色采购、生态补偿等政策措施缺少统计数据，无法单独对其环境治理效应开展实证研究。

5.1 变量选择和数据来源

5.1.1 变量选择

（1）财政支出变量

各地从 2007 年开始，把环境保护纳入财政预算。考虑数据的可得性和指标意义，选择 30 个省（区、市）（未包括西藏）的财政环境保护支出（HBZC）为解释变量（X_{it}），对其进行环境治理效应的实证分析。

（2）环境变量

环境变量作为被解释变量（Y_{it}），一般用污染物排放量的减少程度来表征环境治理的效应。鉴于环境污染主要来自大气、水、固体废物等方面，污染物排放量指标也主要从以上几个方面进行选择。同时考虑数据指标的代表性、可获得性、共有性和合理性，分别选择二氧化硫（SO_2）排放量、化学需氧量（COD）排放量、生活垃圾清运量（LJQY）作为被解释变量，对财政环境保护支出的环境治理效应进行实证分析。

（3）其他变量

影响地方环境状况的因素除财政环境保护投入外，还包括经济发展程度、产业结构、能源消费结构等其他因素。借鉴相关研究经验，选择人均 GDP（RJGDP）、二产占比（ECBL）、人口规模（RKGM）、煤炭消费量（MTXF）等作为其他影响变量。

表 5-1　财政支出环境治理效应评价变量与意义

变量类型	变量简称	变量名称	变量意义
被解释变量	SO_2	二氧化硫排放量	排入大气中 SO_2 数量，表征主要大气污染物排放情况
	COD	化学需氧量排放量	排入水中 COD 数量，表征主要水污染物排放情况
	LJQY	生活垃圾清运量	被清运至垃圾消纳场所或转运场所的垃圾量，表征主要固体废物排放情况
解释变量	HBZC	财政环境保护支出	财政资金用于环境保护的投入规模，表征财政支持环境保护力度情况
	RJGDP	人均 GDP	人均地区生产总值，衡量经济发展状况
	ECBL	二产占比	第二产业占地区生产总值比重，表征产业结构情况
	RKGM	人口规模	常住人口数量的多少，衡量社会发展情况
	MTXF	煤炭消费量	煤炭消费总量，表征能源消费结构

5.1.2 数据来源

原始数据来源于历年《中国统计年鉴》《中国环境年鉴》《中国环境状况公报》《中国财政年鉴》及各省（区、市）的统计年鉴、环境状况公报等。考虑财政环境保护支出变量和环境变量的数据共有性，选择2007—2017年30个省（区、市）[①]的数据进行研究。各变量的描述性统计见表5-2。

表5-2 各变量的描述性统计

变量	单位	数量	均值	标准差	最大值	最小值
HBZC	亿元	330	99.22	70.70	458.44	5.32
RJGDP	元/人	330	42 561.67	23 790.58	128 994.00	7 878.00
ECBL	%	330	46.29	8.18	59.05	19.01
RKGM	万人	330	4 481.04	2 685.20	11 169.00	552.00
MTXF	万t	330	13 338.17	9 878.24	42 942.29	414.08
SO_2	万t	330	64.10	42.14	182.74	0.47
COD	万t	330	61.13	43.25	198.25	7.03
LJQY	万t	330	580.25	426.61	2 644.50	63.50

在此需要说明的是，为保证各地环境状况能够得到规范统计，实证分析未考虑部分污染物的省际迁移情况，也未考虑沿海省份将污水向海中排放的情况，即假设各省份的所有污染物都排放至其来源省际地域，将环境统计过程简化。

① 未包括西藏。

5.2 实证分析

5.2.1 模型构建

选择面板数据模型对财政支出的环境治理效应进行实证分析。面板数据模型具体分为混合回归模型、固定效应模型和随机效应模型三种。

混合回归模型公式为

$$Y_{it}=a+bX_{it}+u_{it},\ i=1,\ 2,\ \cdots,\ N;\ t=1,\ 2,\ \cdots,\ T \tag{5-1}$$

式中，Y_{it} —— 被解释变量；

a —— 截距项；

X_{it} —— $k\times1$ 阶解释变量列向量；

b —— $k\times1$ 阶回归系数列向量；

u_{it} —— 随机误差项；

i —— 面板数据中的个体数；

t —— 面板数据中时间的长度。

此模型也称为不变系数模型，特点是所有对象截距（a）和自变量系数（b）都一样。

固定效应模型公式为

$$Y_{it}=a_i+bX_{it}+u_{it},\ i=1,\ 2,\ \cdots,\ N;\ t=1,\ 2,\ \cdots,\ T \tag{5-2}$$

与混合模型不同，固定效应模型截距项（a_i）为随机变量，视为不同个体有不同的常数项，且其变化和分布与 X_{it} 有关系。

随机效应模型公式为

$$Y_{it}=a_i+bX_{it}+u_{it}，\ i=1，2，\cdots，N；\ t=1，2，\cdots，T \tag{5-3}$$

与固定效应模型的区别在于截距项（a_i）变化和分布与 X_{it} 无关。

根据 5.1 节选择的变量构建面板数据模型，被解释变量为 SO_2、COD、LJQY，均是数值越小越好的逆指标变量，解释变量为 HBZC。另外，还有 4 个其他变量，分别为 RJGDP、ECBL、RKGM、MTXF。模型公式分别如下：

$$SO_2=a_i+b_{1i}\,HBZC_{it}+b_{2i}\,RJGDP+b_{3i}\,ECBL+b_{4i}\,RKGM+b_{5i}\,MTXF+u_{it}$$
$$（i=1，2，\cdots，30；t=2007，2008，\cdots，2017） \tag{5-4}$$

$$COD=a_i+c_{1i}\,HBZC_{it}+c_{2i}\,RJGDP+c_{3i}\,ECBL+c_{4i}\,RKGM+c_{5i}\,MTXF+u_{it}$$
$$（i=1，2，\cdots，30；t=2007，2008，\cdots，2017） \tag{5-5}$$

$$LJQY=a_i+d_{1i}\,HBZC_{it}+d_{2i}\,RJGDP+d_{3i}\,ECBL+d_{4i}\,RKGM+d_{5i}\,MTXF+u_{it}$$
$$（i=1，2，\cdots，30；t=2007，2008，\cdots，2017） \tag{5-6}$$

为避免不同变量绝对值大小对模型估计可能造成偏差，同时为方便测量因变量对自变量的弹性系数，对模型中所有变量进行取对数处理。

5.2.2 模型类型确定

通过 Eviews 软件进行回归分析，首先用似然比检验（LR 检验）验证是选择混合回归模型还是选择固定效应模型，然后用豪斯曼检验（Hausam 检验）验证采用固定效应模型还是采用随机效应模型。模型式（5-4）～式（5-6）的检验结果分别见表 5-3～表 5-5。

表 5-3 面板模型式（5-4）的 LR 检验和 Hausman 检验结果

Redundant Fixed Effects Tests
Pool: POOL1
Test cross-section fixed effects

Effects Test	Statistic	d.f.	Prob.
Cross-section F	9.238077	(29,295)	0.0000
Cross-section Chi-square	213.224278	29	0.0000

Correlated Random Effects - Hausman Test
Pool: POOL1
Test cross-section random effects

Test Summary	Chi-Sq. Statistic	Chi-Sq. d.f.	Prob.
Cross-section random	27.336866	5	0.0000

表 5-4 面板模型式（5-5）的 LR 检验和 Hausman 检验结果

Redundant Fixed Effects Tests
Pool: POOL1
Test cross-section fixed effects

Effects Test	Statistic	d.f.	Prob.
Cross-section F	9.317011	(29,295)	0.0000
Cross-section Chi-square	214.563519	29	0.0000

Correlated Random Effects - Hausman Test
Pool: POOL1
Test cross-section random effects

Test Summary	Chi-Sq. Statistic	Chi-Sq. d.f.	Prob.
Cross-section random	24.215383	5	0.0002

表 5-5 面板模型式（5-6）的 LR 检验和 Hausman 检验结果

Redundant Fixed Effects Tests
Pool: POOL1
Test cross-section fixed effects

Effects Test	Statistic	d.f.	Prob.
Cross-section F	50.957266	(29,295)	0.0000
Cross-section Chi-square	591.794934	29	0.0000

Correlated Random Effects - Hausman Test
Pool: POOL1
Test cross-section random effects

Test Summary	Chi-Sq. Statistic	Chi-Sq. d.f.	Prob.
Cross-section random	29.514356	5	0.0000

由检验结果可知，在混合回归模型和固定效应模型的 LR 检验中，三个模型检验 P 值均可以拒绝“建立混合回归模型”的原假设，可以确定模型不是混合回归模型，而应采取个体固定效应模型。在固定效应模型和随机效应模型的 Hausam 检验中，检验 P 值也均可以拒绝“建立随机效应模型”的原假设，同样认为应该采用固定效应模型。且在固定效应模型的变截距和变系数两个具体分型中，由于变系数面板数据模型存在应用局限且实际应用较少，而变截距模型被广泛采用，至此确定三个面板数据模型的形式为固定效应变截距模型，模型设立方程由式（5-4）、式（5-5）、式（5-6）变化为式（5-7）、式（5-8）、式（5-9）。

$$SO_2= a_i+b_1\ \mathrm{HBZC}_{it}+b_2\ \mathrm{RJGDP} +b_3\ \mathrm{ECBL} +b_4\ \mathrm{RKGM} +b_5\ \mathrm{MTXF} +u_{it}$$
$$（i=1，2，\cdots，30；t=2007，2008，\cdots，2017） \qquad (5\text{-}7)$$

$$\mathrm{COD}= a_i+c_1\ \mathrm{HBZC}_{it}+c_2\ \mathrm{RJGDP} +c_3\ \mathrm{ECBL} +c_4\ \mathrm{RKGM} +c_5\ \mathrm{MTXF} +u_{it}$$
$$（i=1，2，\cdots，30；t=2007，2008，\cdots，2017） \qquad (5\text{-}8)$$

$$\mathrm{LJQY}= a_i+d_1\ \mathrm{HBZC}_{it}+d_2\ \mathrm{RJGDP} +d_3\ \mathrm{ECBL} +d_4\ \mathrm{RKGM}+d_5\ \mathrm{MTXF}+u_{it}$$
$$（i=1，2，\cdots，30；t=2007，2008，\cdots，2017） \qquad (5\text{-}9)$$

5.2.3 实证结果

根据已选择模型类型开展回归分析，得到固定效应变截距模型方程分别如下：

$$SO_2=-7.594\,4-0.395\,1HBZC+2.152\,6ECBL+0.538\,1MTXF \tag{5-10}$$

$$COD=-21.056\,9-0.133\,2HBZC+0.527\,1RJGDP+1.374\,1ECBL+1.503\,0RKGM+0.260\,1MTXF \tag{5-11}$$

$$LJQY=-4.448\,0-0.064\,8HBZC+0.389\,0RJGDP+0.980\,8RKGM-0.138\,7MTXF \tag{5-12}$$

就各回归方程整体而言（表 5-6），R^2 和调整后 R^2 值均在 90%以上，F 统计值也通过检验，说明模型拟合优度很高，整体较为显著。

表 5-6　模型拟合优度情况

类别	SO_2	COD	LJQY
R-squared	0.914 083	0.913 503	0.975 492
Adjusted R-squared	0.904 826	0.903 534	0.972 759
F-statistic	98.744 83	91.632 96	357.013 7
Prob（F- statistic）	0.000 000	0.000 000	0.000 000

在 SO_2 排放的固定效应模型中，环境保护支出、二产占比和煤炭消费量均在 0.01 水平下显著，人均 GDP 和人口规模两个变量模拟过程中系数不显著，未通过检验，在模型中进行剔除。估计结果见表 5-7。

表 5-7 式（5-8）固定效应变截距模型估计结果

Variable	Coefficient	Std. Error	t-Statistic	Prob.
C	-7.594443	1.076297	-7.056085	0.0000
HBZC?	-0.395095	0.035363	-11.17270	0.0000
ECBL?	2.152573	0.196894	10.93264	0.0000
MTXF?	0.538133	0.096348	5.585297	0.0000

从 SO_2 排放各变量影响情况看，财政环境保护支出与其呈负相关关系，每增加 1%，排放量减少 0.39%。二产占比和煤炭消费与其呈正相关关系，每增加 1%，排放量分别增加 2.15%、0.54%。

在 COD 排放的固定效应模型中，所有变量均满足 0.05 水平下显著不为零。估计结果见表 5-8。

表 5-8 式（5-9）固定效应变截距模型估计结果

Variable	Coefficient	Std. Error	t-Statistic	Prob.
C	-21.05694	5.497584	-3.830217	0.0002
HBZC?	-0.133160	0.064079	-2.078053	0.0386
RJGDP?	0.527146	0.089014	5.922085	0.0000
ECBL?	1.374103	0.211710	6.490491	0.0000
RKGM?	1.502954	0.623766	2.409483	0.0166
MTXF?	0.260074	0.089962	2.890932	0.0041

从 COD 排放各影响变量看，财政环境保护支出与其呈负相关关系，每增加 1%，排放量减少 0.13%。人口规模、二产占比、人均 GDP、煤炭消费量与其呈正相关关系，影响力逐步降低，每增加 1%，分别影响 COD 排放增加 1.50%、1.37%、0.53%、0.26%。

在 LJQY 的固定效应模型中，环境保护支出、人均 GDP、人口规模和煤炭消费量均在 0.05 水平下显著，二产占比变量模拟过程中系数不显著，未通过检验，在模型中进行剔除。估计结果见表 5-9。

表 5-9 式（5-10）固定效应变截距模型估计结果

Variable	Coefficient	Std. Error	t-Statistic	Prob.
C	-4.447902	2.392946	-1.858756	0.0641
HBZC?	-0.064823	0.032552	-1.991377	0.0474
RJGDP?	0.388956	0.046506	8.363567	0.0000
RKGM?	0.980802	0.289708	3.385485	0.0008
MTXF?	-0.138654	0.040250	-3.444831	0.0007

从 LJQY 各影响变量看，财政环境保护支出与其呈负相关关系，每增加 1%，清运量减少 0.06%。人口规模、人均 GDP、煤炭消费量与其呈正相关关系，影响力逐步降低，每增加 1%，分别影响垃圾清运量增加 0.98%、0.39%、0.14%。

综上，三个模型的财政环境保护支出与环境污染情况均是负相关关系，表明财政生态环境支出确实能够起到抑制环境污染状况的作用。从影响力大小来看，SO_2＞COD＞LJQY，说明增加环境保护支出对大气环境质量改善的作用效果较强，环境治理效应明显。

6 税收政策的环境治理效应评价

如前文所述，税收政策通过征收消费税、资源税、城市维护建设税、城镇土地使用税等多项税种发挥生态环境保护约束作用。本章将通过各省（区、市）面板数据对生态环境保护相关税收政策的环境治理效应进行实证分析。

6.1 变量选择和数据来源

6.1.1 变量选择

鉴于数据的可得性和选取指标的意义，选取 30 个省（区、市）（不包含西藏）2004—2017 年的资源税（ZYS）、城市维护建设税（CJS）、城镇土地使用税（TDS）、排污费（PWF）[①]等环境保护相关税费作为解释变量。由于 2018 年环境保护税开始正式征收，消费税收入归属中央，因此未将以上两类税种纳入解释变量范畴。

① 2018 年已改成环境保护税，以此指标表征环境保护税的影响效应。

与财政支出的环境治理效应相同，环境变量分别选择二氧化硫（SO_2）排放量、化学需氧量（COD）排放量、生活垃圾清运量（LJQY）作为被解释变量，对环境税收政策的治理效应进行实证分析。同样，选择人均 GDP、二产占比（ECBL）、人口规模（RKGM）、煤炭消费量（MTXF）等作为其他影响变量（表 6-1）。

表 6-1　选择变量与定义

变量类型	变量简称	变量名称	变量意义
被解释变量	SO_2	二氧化硫排放量	排入大气中 SO_2 数量，表征主要大气污染物排放情况
	COD	化学需氧量排放量	排入水中 COD 数量，表征主要水污染物排放情况
	LJQY	生活垃圾清运量	被清运至垃圾消纳场所或转运场所的垃圾量，表征主要固体废物排放情况
解释变量	ZYS	资源税	对开采资源单位和个人征收的税种
	CJS	城市维护建设税	为加强城市维护建设而征收的税种
	TDS	城镇土地使用税	对使用土地的单位和个人征收的税种
	PWF	排污费	对直接向环境排放污染物的单位和个体征收的费用
	RJGDP	人均 GDP	人均地区生产总值，衡量经济发展状况
	ECBL	二产占比	第二产业占地区生产总值比重，表征产业结构情况
	RKGM	人口规模	常住人口数量的多少，衡量社会发展情况
	MTXF	煤炭消费量	煤炭消费总量，表征能源消费结构

6.1.2 数据来源

原始数据来源于历年《中国统计年鉴》《中国环境年鉴》《中国环境状况公报》《中国财政年鉴》及各省（区、市）的统计年鉴、环境状况公报等。考虑税收变量和环境变量的数据共有性，选择 2004—2017 年 30 个省（区、市）的数据进行研究，各变量的描述性统计见表 6-2。

表 6-2 各变量的描述性统计

变量	单位	数量	均值	标准差	最大值	最小值
ZYS	万元	330	200 825.48	296 466.07	2 726 900.00	0.00
CJS	万元	330	762 572.86	817 039.81	5 349 700.00	18 100.00
TDS	万元	330	399 506.43	549 086.88	3 981 800.00	900.00
PWF	万元	330	60 182.83	50 429.93	287 343.00	1 712.00
RJGDP	元/人	330	42 561.67	23 790.58	128 994.00	7 878.00
ECBL	%	330	46.29	8.18	59.05	19.01
RKGM	万人	330	4 481.04	2 685.2	11 169.00	552.00
MTXF	万 t	330	13 338.17	9 878.24	42 942.29	414.08
SO_2	万 t	330	64.10	42.14	182.74	0.47
COD	万 t	330	61.13	43.25	198.25	7.03
LJQY	万 t	330	580.25	426.61	2 644.50	63.50

6.2 实证分析

6.2.1 模型构建

采用面板数据模型对环境税收政策的环境治理效应进行实证分析，从省级层面开展实证。结合 5.2.1 面板数据模型和 6.1.1 选择的变量进行模型构建，公式分别如下：

$$SO_2= a_i+b_{1i}\,ZYS_{it}+b_{2i}\,CJS+b_{3i}\,TDS+b_{4i}\,PWF+b_{5i}\,RJGDP+b_{6i}\,ECBL+ b_{7i}\,RKGM+b_{8i}\,MTXF+u_{it}$$

$$(i=1,2,\cdots,30;\ t=2004,2008,\cdots,2017) \qquad (6\text{-}1)$$

$$COD= a_i+d_{1i}\ ZYS_{it} + d_{2i}\ CJS+d_{3i}\ TDS +d_{4i}\ PWF+ d_{5i}\ RJGDP + d_{6i}\ ECBL +d_{7i}\ RKGM +d_{8i}\ MTXF +u_{it}$$

（i=1，2，…，30；t=2004，2008，…，2017） （6-2）

$$LJQY=a_i+f_{1i}\ ZYS_{it} + f_{2i}\ CJS+f_{3i}\ TDS +f_{4i}\ PWF+ f_{5i}\ RJGDP + f_{6i}\ ECBL +f_{7i}\ RKGM +f_{8i}\ MTXF +u_{it}$$

（i=1，2，…，30；t=2004，2008，…，2017） （6-3）

6.2.2 模型类型确定

通过 Eviews 软件进行回归分析，首先建立混和回归模型进行回归，用似然比检验（LR 检验）验证是选择回归模型还是选择固定效应模型，然后用豪斯曼检验（Hausam 检验）验证是采用固定效应模型还是采用随机效应模型。模型式（6-1）～式（6-3）的检验结果分别见表 6-3～表 6-5。

表 6-3 面板模型式（6-1）的 LR 检验和 Hausman 检验结果

Redundant Fixed Effects Tests Pool: SHUIFEI Test cross-section fixed effects			
Effects Test	Statistic	d.f.	Prob.
Cross-section F	23.387504	(29,381)	0.0000
Correlated Random Effects - Hausman Test Pool: SHUIFEI Test cross-section random effects			
Test Summary	Chi-Sq. Statistic	Chi-Sq. d.f.	Prob.
Cross-section random	11.361351	4	0.0228

表 6-4　面板模型式（6-2）的 LR 检验和 Hausman 检验结果

Redundant Fixed Effects Tests
Pool: SHUIFEI
Test cross-section fixed effects

Effects Test	Statistic	d.f.	Prob.
Cross-section F	19.275981	(29,384)	0.0000

Correlated Random Effects - Hausman Test
Pool: SHUIFEI
Test cross-section random effects

Test Summary	Chi-Sq. Statistic	Chi-Sq. d.f.	Prob.
Cross-section random	37.080257	6	0.0000

表 6-5　面板模型式（6-3）的 LR 检验和 Hausman 检验结果

Redundant Fixed Effects Tests
Pool: SHUIFEI
Test cross-section fixed effects

Effects Test	Statistic	d.f.	Prob.
Cross-section F	91.023258	(29,384)	0.0000

Correlated Random Effects - Hausman Test
Pool: SHUIFEI
Test cross-section random effects

Test Summary	Chi-Sq. Statistic	Chi-Sq. d.f.	Prob.
Cross-section random	22.577822	5	0.0004

由检验结果可知，在混合回归模型和固定效应模型的 LR 检验中，检验 P 值均可以拒绝“建立混合回归模型”的原假设，可以确定模型不

是混合回归模型，而应采取固定效应模型。在固定效应和随机效应模型的 Hausam 检验中，模型 P 值也均通过了 0.05 置信度水平检验，也均可以拒绝“建立随机效应模型”的原假设，同样认为模型应该采用固定效应模型。且在固定效应的变截距和变系数两个具体分型中，由于变系数面板数据模型存在应用局限且实际应用较少，而变截距模型被广泛采用，至此，确定三个面板数据模型的形式为固定效应变截距模型，模型设立方程由式（6-1）、式（6-2）、式（6-3）变化为式（6-4）、式（6-5）、式（6-6）。

$$SO_2= a_i+b_1\,ZYS_{it}+b_2\,CJS+b_3\,TDS+b_4\,PWF+b_5\,RJGDP+b_6\,ECBL+b_7\,RKGM+b_8\,MTXF+u_{it}$$
$$(i=1,2,\cdots,30;\ t=2004,2008,\cdots,2017) \tag{6-4}$$

$$COD= a_i+d_1\,ZYS_{it}+d_2\,CJS+d_3\,TDS+d_4\,PWF+d_5\,RJGDP+d_6\,ECBL+d_7\,RKGM+d_8\,MTXF+u_{it}$$
$$(i=1,2,\cdots,30;\ t=2004,2008,\cdots,2017) \tag{6-5}$$

$$LJQY=a_i+f_1\,ZYS_{it}+f_2\,CJS+f_3\,TDS+f_4\,PWF+f_5\,RJGDP+f_6\,ECBL+f_7\,RKGM+f_8\,MTXF+u_{it}$$
$$(i=1,2,\cdots,30;\ t=2004,2008,\cdots,2017) \tag{6-6}$$

6.2.3 实证结果

根据已选择模型类型开展回归分析，得到固定效应变截距模型方程分别如下：

$$SO_2= 2.976\,144-0.141\,331ZYS-0.631\,578CJS+0.070\,608GDS+0.121\,671PWF+0.949\,893MTXF \tag{6-7}$$

$$COD=1.475\,010+0.106\,669ZYS+0.410\,727CJS-0.080\,737PWF-0.330\,713RJGDP \tag{6-8}$$

$$LJQY=-2.347\,405-0.033\,574ZYS-0.033\,908TDS-0.027\,912GDS-0.044\,015PWF-0.095\,470MTXF+0.798\,889ECBL+0.424\,002RJGDP \quad (6\text{-}9)$$

就各回归方程整体而言（表 6-6），R^2 和调整后 R^2 值均在 90%以上，F 统计值也通过了检验，说明模型拟合优度很高，整体较为显著。

表 6-6　模型拟合优度情况

类别	SO_2	COD	LJQY
R-squared	0.923 708	0.918 528	0.988 108
Adjusted R-squared	0.916 754	0.911 563	0.986 991
F-statistic	132.836 4	131.874 1	884.009 7
Prob（F- statistic）	0.000 000	0.000 000	0.000 000

在 SO_2 排放的固定效应模型中，资源税、城市维护建设税、耕地占用税、排污费、煤炭消费量均在 0.05 水平下显著，其余变量未通过显著性检验。估计结果见表 6-7。

表 6-7　式（6-9）固定效应变截距模型估计结果

Variable	Coefficient	Std. Error	t-Statistic	Prob.
C	2.976144	0.774776	3.841297	0.0001
ZYS?	-0.141331	0.042654	-3.313402	0.0010
CJS?	-0.631578	0.054797	-11.52572	0.0000
GDS?	0.070608	0.023315	3.028496	0.0026
PWF?	0.121671	0.057091	2.131171	0.0337
MTXF?	0.949893	0.090296	10.51976	0.0000

从 SO_2 排放各变量影响情况看，资源税、城市维护建设税与 SO_2 排放量呈负相关关系，耕地占用税、排污费和煤炭消费量则与 SO_2 排放

量呈正相关关系。资源税、城市维护建设税每增加 1%，SO_2 排放分别减少 0.14%、0.63%。耕地占用税、排污费的设计未发挥抑制污染作用。煤炭消费系数显著为正，当消费量增加 1%时，SO_2 排放增加 0.95%。

在 COD 排放的固定效应模型中，资源税、城市维护建设税、人均 GDP 在 0.01 水平显著，排污费在 0.1 水平显著，其余变量未通过显著性检验。估计结果见表 6-8。

表 6-8　式（6-9）固定效应变截距模型估计结果

Variable	Coefficient	Std. Error	t-Statistic	Prob.
C	1.475010	0.426193	3.460898	0.0006
ZYS?	0.106669	0.037636	2.834227	0.0048
CJS?	0.410727	0.077739	5.283418	0.0000
PWF?	-0.080737	0.042210	-1.912733	0.0565
RJGDP?	-0.330713	0.100936	-3.276452	0.0011

从 COD 排放各变量影响情况看，资源税、城市维护建设税系数为正，不但没有控制 COD 排放，反而有所促进，未起到抑制污染作用。排污费系数为负，每增加 1%，COD 排放下降 0.08%。人均 GDP 系数为负，说明人均 GDP 每增加 1%，COD 排放减少 0.33%，这与实践不符，可能是 COD 排放量存在误差，或者是由样本容量大小等原因造成的。

在 LJQY 的固定效应模型中，资源税、城镇土地使用税、耕地占用税、排污费、二产占比、人均 GDP 均在 0.05 水平下显著，其余变量未通过显著性检验。估计结果见表 6-9。

表 6-9 式（6-9）固定效应变截距模型估计结果

Variable	Coefficient	Std. Error	t-Statistic	Prob.
C	-3.919421	0.941683	-4.162145	0.0000
ZYS?	-0.051318	0.015989	-3.209534	0.0014
TDS?	-0.046780	0.012658	-3.695624	0.0003
GDS?	-0.038345	0.008237	-4.654982	0.0000
PWF?	-0.039777	0.016156	-2.461980	0.0143
ECBL?	0.897878	0.114880	7.815815	0.0000
RJGDP?	0.455740	0.032831	13.88140	0.0000

从 LJQY 各变量影响情况看，资源税、城镇土地使用税、耕地占用税、排污费系数均为负值，说明与生活垃圾清运量呈负相关关系，以上各项税收每增加 1%时，生活垃圾清运量将分别减少 0.05%、0.05%、0.04%、0.04%。二产占比和人均 GDP 系数均为正值，每增长 1%时，生活垃圾清运量分别增加 0.90%、0.46%。

综上，我国环境税费的环境治理效应不明显，对固体废物、大气、水领域的污染物排放约束作用逐渐减弱，这与当前环境领域税费征收标准低、征收管理松、地方政府重视程度不够等有很大关系。税收政策作为灵活的市场调节手段，今后应在征税环节、征税标准、处罚监管等方面切实起到积极有效的作用，从而促进环境质量的改善，提升环境治理效应。

7 生态环境财税政策面临形势及存在的问题

7.1 面临形势

7.1.1 深入打好污染防治攻坚战面临更加难啃的“硬骨头”

对标 2035 年美丽中国建设目标要求，党的十九届五中全会提出“深入打好污染防治攻坚战”的重大决策部署，意味着污染防治攻坚还存在许多薄弱环节。“十四五”期间，将更加有力落实“精准治污、科学治污、依法治污”的工作方针，围绕“提气、降碳、强生态，增水、固土、防风险”的总体思路，在重点区域、重要领域、关键指标上实现新突破。过去几年容易实施、成本相对较低、投入相对较小的任务措施大多已实施，“十四五”期间面临的是更加难啃的“硬骨头”，成本升高，投入需求更大。比如，从源头控制大气污染排放的任务依然艰巨，2020 年全国仍有 37.1%的城市 $PM_{2.5}$ 浓度超标，全国 $PM_{2.5}$ 平均质量浓度是 WHO 准则值（10 μg/m³）的 3.3 倍，是美国、欧洲当前水平的 2.2～4.1 倍（图 7-1），O_3 污染逐渐凸显（图 7-2），NO_x 和 VOCs 减排尚未取得实质性进展；水生态环境质量改善成效仍不稳固，2020 年，松花江、黄河、海河等流域仍有 70 个国控断面水质为劣Ⅴ类，部分断面水质不能稳定达标，重点湖库呈富营养化状态，2019 年富营养化湖库占比较 2015 年增加了 5.1 个百分点（图 7-3）、蓝藻水华大面积上升，部分流域水生生物多样性遭到破坏。土壤、生态等领域也存在同样的薄弱环节，攻坚任务的长期性、艰巨性特征依然显著，亟须发挥财政政策的激励约束作用，以支持深入打好污染防治攻坚战的目标。

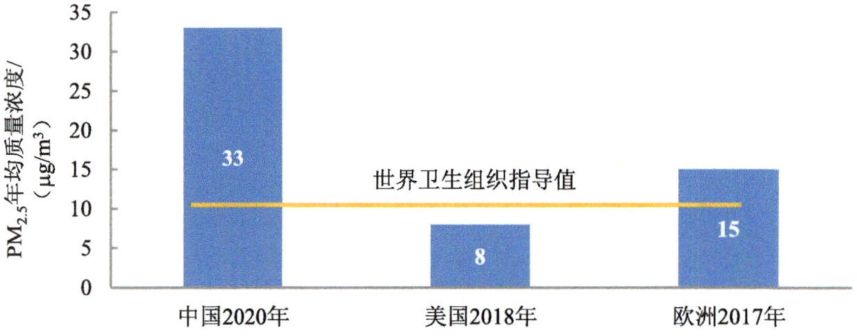

图 7-1　我国 $PM_{2.5}$ 平均质量浓度与美国、欧洲比较

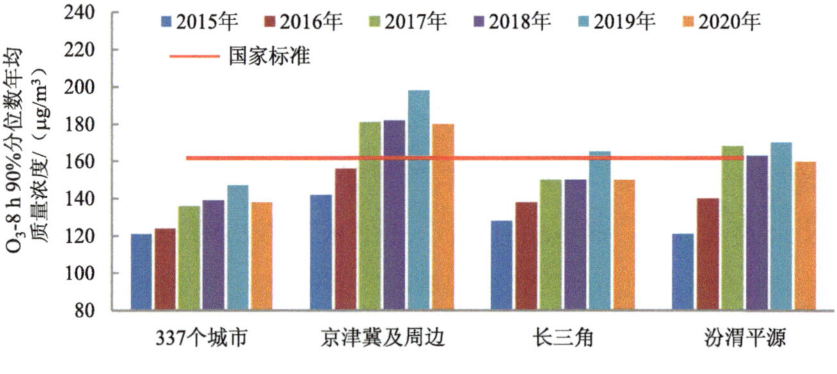

图 7-2　2015—2020 年 O_3-8 h 90%分位数年均质量浓度

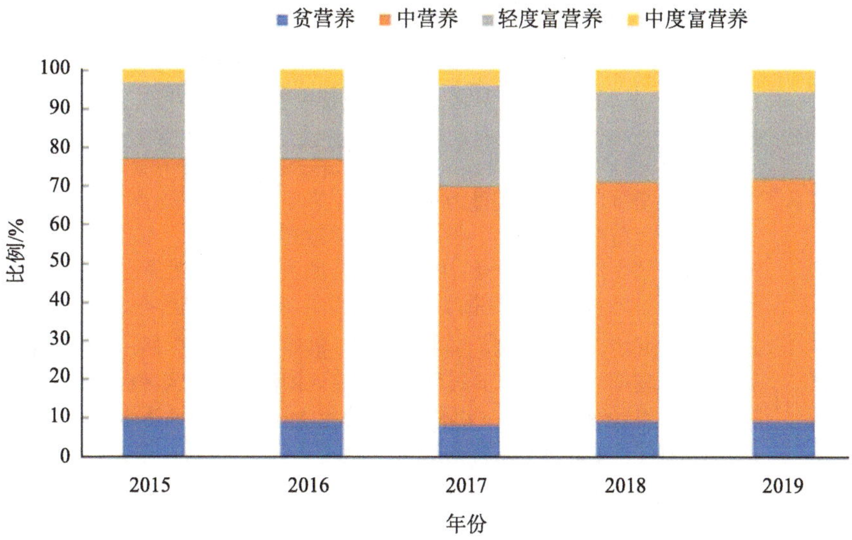

图 7-3　2015—2019 年湖泊营养状态变化

7.1.2　环境基础设施重点领域补短板力度需进一步加大

由于历史欠账较多，污水处理及管网、垃圾处理等基础设施建设仍是污染防治攻坚资金投入的重点，各地在攻坚战期间对环保基础设施建设需求较大，近年来也已形成较大的运营维护资金缺口。通过首轮中央生态环境保护督察发现问题统计分析汇总，全国 31 个省份均存在污水处理、垃圾处理等基础设施建设能力不足问题。从中央生态环境保护督察组最近两次（2021 年 2 月、2020 年 5 月）反馈的北京、天津、浙江、上海、福建、重庆、青海 7 省（市）情况看，各地仍普遍存在污水处理能力不足、污水收集率低、管网混接错接或超负荷运行等问题（表 7-1）。经济较为发达省份尚且存在诸多问题，经济较为落后的中西部省份问题更多。环境基础设施建设大部分属于地方事权，但受地方可统筹的财力限制，投入规模和强度明显不足，亟须中央财政提供引导支持。

表 7-1 部分省（市）污水领域短板弱项情况

反馈时间	省（市）	污水设施问题
2021 年 2 月	北京	全市现有日处理能力超过 1 万 t 的污水处理厂 67 座，有 10 座运行负荷率低于 30%，但同时又有多座超负荷运行，不平衡、不协调问题突出；占全市处置能力 71%的城区 5 座污泥处置中心总体负荷率仅为 58%，而大量郊区污泥处置设施能力又严重不足
2021 年 2 月	天津	武清、滨海新区、宝坻、蓟州、静海等远郊区生活污水收集率普遍较低，大量污水直排环境；静海区团泊新城西区污水处理厂规划建设管网 72.3 km，实际仅建成约 40 km；农村生活污水处理设施建设滞后或建成未运行问题突出
2021 年 2 月	浙江	嵊州市 9 个列入计划的雨污混排口未完成整改，13 个老旧小区生活污水未纳管，直排剡溪；温州市老城区管网改造不彻底，大量雨水、河水混入市政污水管网，部分污水溢流城区内河；舟山市普陀、新城部分区域污水管网破损、雨污合流问题突出，每天约 1.5 万 t 生活污水通过河道排海；中国水产舟山公司附近区域无污水管网，污水通过暗河排放
2020 年 5 月	上海	污水溢流直排情况日趋突出，污水处理能力建设总体推进缓慢，泰和、安亭污水处理厂扩建等多个工程进度严重滞后；部分区域管网雨污不分、混接错接等情况较为普遍，汛期污水直排问题严重
2020 年 5 月	福建	宁德市多年推进污水处理设施建设严重滞后，2013 年以来中心城区没有新增污水处理能力，2018 年城区生活污水处理率实际不到 50%，大量污水直排环境；厦门市污水处理能力建设长期滞后，要求到 2019 年年底新建扩建污水处理能力 70 万 t/d，至 2019 年 7 月仅新增污水处理能力 6.5 万 t/d，大量污水直排，严重影响近岸海域水质
2020 年 5 月	重庆	部分区（县）排水管网雨污分流不彻底，污水处理厂进水浓度偏低；部分区域污水管网缺口较大，生活污水溢流问题比较普遍；部分区（县）污水处理厂提标改造缓慢。如两江新区悦来污水处理厂、秀山县污水处理厂进水 COD 质量浓度长期在 100 mg/L 以下，北碚区、城口县、忠县等城市污水处理厂超负荷达到 30%左右
2020 年 5 月	青海	环青海湖地区环境基础设施建设滞后，环湖北岸刚察县污水处理厂长期超负荷运行，县政府驻地沙柳河镇 21.4%的区域为污水管网空白区，污水通过沙柳河排入青海湖

7.1.3 碳中和目标下气候领域资金面临较大缺口

为实现 2030 年达峰和 2060 年碳中和目标，建立起节能环保的适应气候变化的社会经济体系，需同时增强能源、交通、建筑等领域气候减缓和适应能力。围绕上述领域开展的一系列行动势必需要大量资金投入。目前，已有多个研究机构对气候变化领域的资金需求进行了测算（表 7-2），虽然各预测对中国未来能源和经济的发展形势、核算边界、预测方法及对低碳情景的设定不尽相同，但可以确定的是，实现预定碳减排目标意味着潜在的大量新增投资。按照减缓和适应气候活动分类，属于政府事权的投资主要用于调整产业结构、优化能源结构、控制非能源活动温室气体排放、增加森林草原及其他碳汇等。每年财政用于以上领域的支出约 2 000 亿元，较以上资金预测需求仍有较大差距，且随着气候变暖问题的日益严峻，应对气候资金需求会更高，亟须充分发挥财政资金作用，激励和动员更多资金投向气候变化领域。

表 7-2 中国应对气候变化领域的资金需求预测

目标	发布机构	资金需求
2030 年碳排放达峰，2060 年碳中和	国家应对气候变化战略研究和国际合作中心	总资金需求规模约 139 万亿元，年均 3.5 万亿元
2030 年达到峰值，2050 年达到中和	中央财经大学气候与能金融研究中心联合相关机构	2020—2030 年，年均投资 2.5 万亿元；2030—2050 年，年均投资 1.5 万亿元
2030 年实现绿色发展	麦肯锡（2009 年）	2021—2025 年预计需求为 2 400 亿欧元/a（2.4 万亿元人民币/a）；2026—2030 年达到 3 000 亿欧元/a（3 万亿元人民币/a）
实现 1.5℃目标导向转型路径	清华大学气候变化与可持续发展研究院	累计新增投资约 138 万亿元人民币，超过每年国内生产总值（GDP）的 2.5%
实现碳中和目标	中国投资协会和落基山研究所	在碳中和愿景下，中国在可再生能源、能效、零碳技术和储能技术等 7 个领域需要投资 70 万亿元

7.1.4 财政收支矛盾造成地方生态环境领域事权支出压力加大

从目前事权与支出责任划分制度和现状来看，环保领域事权多属地方事权，尤其是市、县级基层政府承担主要职责。但受近年来经济形势下行和减税降费等因素影响，地方财政收支压力日趋增大，部分欠发达地区政府在“保工资、保运转、保民生”之外，可用财力有限，基层政府财力与环保领域事权支出责任不匹配问题较为突出。以2020年为例，全国31个省（区、市）中，14个省份财政收入负增长（其中湖北、天津、黑龙江分别增长−25.9%、−20.2%、−8.7%），较上年增长的有8个省份；23个省份财政收入与支出比低于50%，主要分布在西北地区和东北地区，其中西藏、青海、甘肃的一般公共预算收入与一般公共预算支出比仅为10.1%、15.1%、21.5%。在财政收入负增长情况下，地方财政还面临落实“六保”“六稳”等大量刚性支出。受生态环境领域环境保护税收入规模小、污水处理收费不足以覆盖运营支出等影响，单靠地方政府财政收入来保障污染治理支出是不可持续的，必须加入来自中央政府的转移支付，尤其是专项转移支付的支持。

7.2 存在的问题

7.2.1 财政支出增速落后于攻坚任务的深入开展

自2018年国家层面提出污染防治攻坚战以来，财政支持力度确有加大，但在增长方面并不稳定。2020年受新冠肺炎疫情影响，较2019年下降207.6亿元，降幅为7.9%；2021年预算也仅增长2.2%（52.5亿元）。占财政收入、支出的比例也呈小幅下降（图7-4），分别从2019年的 1.38%、2018 年的 1.11%高点降至 2020 年的 1.32%、0.99%，且 2021 年预算安排数占一般公共预算支出的比例与 2020 年持平，与同年财政支出增长相比，没有表现出一定的规律性。从历年支出规模变化看，仅污染防治攻坚战刚刚提出时，2018 年、2019 年财政污染防治支出有较大规模增长，但已经到来的“十四五”时期也是深入打好污染防治攻坚的关键时期，在财政投入的重点保障和优先支持领域，需要继续加大资金支持力度。

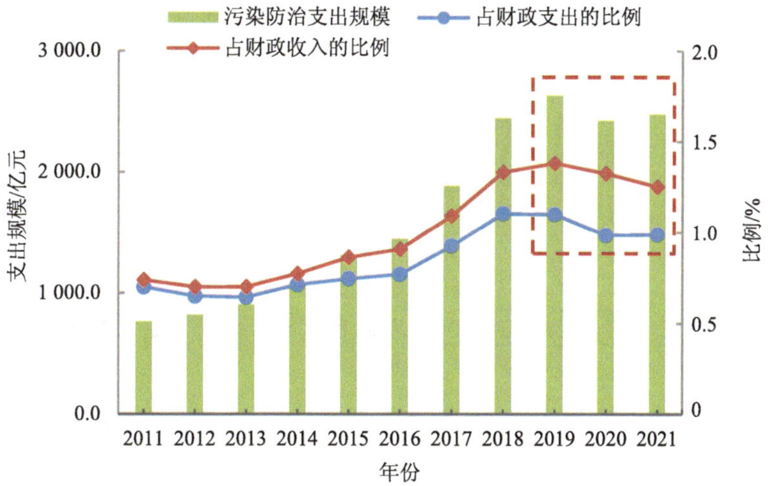

注：2021 年为预算数。

图 7-4　2011—2021 年污染防治支出规模及占财政收入和财政支出比例情况

我国财政污染防治支出也低于美国政府污染控制与治理支出。1993—2014 年，美国政府（包括联邦政府、州政府及地方政府）用于污染控制与治理方面的支出（包括联邦政府用于污染控制与治理、州政府用于污水处理和固体废物管理、地方政府用于污水处理和固体废物管理三方面的支出）规模为 414.7 亿～896.9 亿美元，呈上升趋势，占政府财政支出的 1.14%～1.46%（图 7-5）。虽然近两年增速有所下降，但始终保持在 1.1%之上。美国已基本摆脱污染困扰，且不需要投入大量财政资金进行污染治理，只需停留在维护层面，却每年有高于我国政府支出的比例。目前，我国环境状况没有美国好，财政污染防治支出比例却没有美国高，仍有一定提升空间。

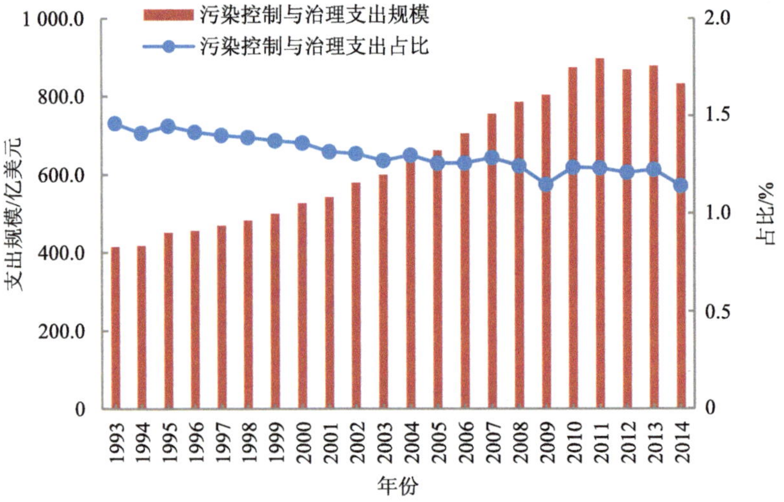

图 7-5　1993—2014 年美国政府污染控制与治理支出规模及其占比

7.2.2 财政支出绩效有待提升

财政支出效率不高主要表现在以下几个方面：

（1）全过程绩效评价体系尚不完善

“十二五”以来，中央财政已逐步向基于效果的绩效管理模式转变，提出将绩效评价结果与资金分配挂钩，优化财政资金分配方式，但从实施情况来看，绩效管理仍存在制度缺位、不规范、不健全的问题，“绩效目标与审核—绩效监控—绩效评价—评价结果反馈与应用”全过程的绩效管理体系尚未建立。已开展的大气、水、土壤和农村等专项绩效评价仅从省级层面提交绩效自评报告，中央层面进行汇总，难以反馈资金绩效的真实状况。在评价结果应用方面，除土壤污染防治专项资金、农村环境整治资金分配提出将预算执行率、绩效评价结果作为重要参考依据外，大气和水污染防治资金绩效监控、评价结果反馈与应用等联动机制尚不完善，仍沿用定额奖补、项目法或因素法分配资金，未体现评价结果应用。

（2）有限支出财力下“撒胡椒面”效应降低投资效益

财政资金分配层层下切，“撒胡椒面”“吃大锅饭”现象依然存在。污染防治财政资金涉及面广、管理部门多，中央和地方的发展改革、生态环境、住建、水利等部门均有涉及，项目和资金计划一般由各部门确定，资金使用管理分散，项目准备不充分，缺乏综合统筹，致使单个项目投资额较小，难以形成资金合力，因而降低了投资效益。

（3）运行资金缺乏保障导致治理效果可持续性不强

财政资金使用以直接投资等方式为主，不能用于补助运营，导致许多项目虽有固定资产形成，但建成后缺乏后续运维资金支持，不能正常运行，可持续性较差。尤其是城镇和农村环境污染治理、工业污染治理以及流域环境综合整治等方面，部分设施建成后难以有效运行，只能“晒太阳”或低负荷运转。例如，2021 年 2 月，中央环境保护督察反馈北京、天津问题时提到，两市均存在较为突出的农村生活污水处理设施无法正常运行或建成未运行问题。

7.2.3 债券、PPP 等渠道撬动的社会资金投入规模十分有限

债券、PPP 模式作为财政撬动社会资金投入污染防治项目的主要融

资渠道，其增长空间非常有限。债券方面，2020 年全国发行地方新增债券 4.55 万亿元。其中，一般债券 0.95 万亿元，专项债券 3.60 万亿元。一般债券受各领域综合平衡影响，用于污染治理项目的规模本身有限，增长空间受约束，而专项债券一般要求项目具有 30%的现金流，生态环境类专项债券发行占比总体较低，2020 年发行规模不足总发行额的 5%，除生活污水、垃圾处置以外的其他项目不具备发行条件，可使用范围十分有限。PPP 模式方面，2019 年 3 月财政部发布的《关于推进政府和社会资本合作规范发展的实施意见》（财金〔2019〕10 号）要求："财政支出责任占比超过 5%的地区，不得新上政府付费项目。对财政支出责任占比超过 7%的地区进行风险提示，对超过 10%的地区严禁新项目入库。"该要求对大多数需要政府付费的污染治理项目造成一定冲击，吸引社会资金的难度也在增加。

7.2.4 生态环境税收政策体系仍需健全

《环境保护税法》是在排污费的基础上通过"税负平移"所得到的，与排污费相比，突出了税法的强制性和无偿性，具有更强的法律效力，执法更具规范性。但在征收主体、纳税主体、征收范围、征收管理等方面还存在一些问题，有待进一步细化完善。环境税的征收主体为税务机关，而环保部门负责对污染物进行监测管理，主体责任不明确，导致税务部门在面对具体的污染行为时，缺乏有效的技术支持。环境税的纳税人是直接向环境排放应税污染物的企业事业单位和其他生产经营者，由此不难推出，不直接向环境排放污染物的以及自然人排放污染物的，都无须承担缴纳环境保护税的义务。即便在工业源污染物方面，应税污染物仅包括大气、水、固体废物和噪声 4 类污染物，只是平移了排污费的污染物范围，其他诸如二氧化碳等污染物并未计入征收范围。且环境税的税率较低，以致缴纳环境保护税比控制生产、节能减排的成本更低，未能真正约束企业合法合规排污。另外，一些涉及环境保护的税收优惠政策尽管种类多，但内容复杂、不易掌握。仅企业所得税优惠就包括税前扣除、减免和减半征收等形式，每项优惠措施的对象和适用情形都不同，容易导致企业所得税抵扣链条断裂、征管漏洞增多和成本增加等问题。而且，一些需要长期执行的优惠政策没有在税法中明确列出，只是以部门规章或者临时性政策规定的方式出台，缺乏实施力强的细则，更增加了企业和税务部门的执行难度。

8

政策优化建议

8.1 健全财政支出政策

加强中央财政支出与生态环境保护任务相匹配的投入保障机制。将生态环境保护作为中央财政投入的优先领域，积极建立新资金渠道，将成品油消费税、土地出让收入的一定比例用于生态环境保护。增加中央财政对国家重点生态功能区、生态保护红线区域等生态功能重要地区的转移支付，继续安排中央预算内投资对重点生态功能区给予支持。大幅增加中央财政对水、土壤、农村等重点领域的支持力度。

支持和引导地方政府投入。中央财政加大对地方农村环境整治、城镇黑臭水体治理和污水处理提质增效等引导支持。推动省级以下生态环境事权财权划分改革，按照中央改革总体部署，以建立权责清晰、财力协调、区域均衡的省级以下财政关系为原则，形成省级以下权责匹配、运转高效的事权、支出责任和财力相适应的制度机制。通过规划目标考核、绩效评价、信息公开等方式倒逼地方统筹一般公共预算、政府性基金、专项债等渠道，安排资金用于污染治理，落实污染治理项目财政支出责任。

加大债券生态环境保护投入。鼓励和引导地方财政部门加大专项债券对污水垃圾处理等经营性生态环境保护项目的支持力度。对当前亟须推进的城市黑臭水体治理、优先控制单元水环境质量改善、饮用水水源地保护、水质较好湖泊保护、农村环境治理等公益性项目，在一般债券中予以倾斜支持。对借生态环境保护名义变相举债搞其他项目建设的，依法依规予以从严处理，坚决遏制隐性债务增量。

积极探索生态环境“环保贷”制度。以财政资金为引导，吸引金融机构和社会资本设立生态环保项目风险补偿资金池，为生态环保领域开展污染防治、生态保护修复、环保基础设施建设及环保产业发展等项目进行贷款增信和贷款风险补偿，根据项目单位环保信用评价等级、贷款规模实行差别化风险分担机制和贷款利率优惠，重点支持纳入中央环保投资项目储备库内的项目，加快生态环境保护项目落地实施。

8.2 全面提高财政支出绩效

（1）从重点支持污染治理转向支持源头减少、降低污染

建议对部分资金绩效不佳的污染治理项目缩减预算安排，加大对推动绿色发展方式和源头治理的资金支持。如加强对监管执法的人员、设备方面的资金支持，坚持用最严格制度、最严密法治保护生态环境；加强对推进工业转型升级、培育节能环保产业等方面的财政引导资金投入，加快形成节约资源和保护环境的产业结构、生产方式；加强对环境保护和污染防治领域新技术研发的支持力度，鼓励和推广民间创新，降低污染治理成本。

（2）建立基于绩效导向的资金分配机制

建立大气污染防治、土壤污染防治、农村环境整治、重点生态保护修复治理等专项资金绩效评价制度，对财政专项资金支持的项目开展常态化的绩效评价。建立基于绩效的专项资金分配机制，在大气、水、土壤、农村环境整治等专项资金分配中，建立竞争立项与因素分配相结合的资金分配方式，将项目实施成效与地方资金安排、项目投资补助额度、竞争立项等挂钩，建立联动机制，对超额完成治理目标的给予奖励，对未完成目标的扣回财政资金或削减以后年度预算。

（3）强化绩效评价结果应用

按照“花钱必问效，无效必问责”的要求，健全财政污染防治资金绩效评价结果与预算安排和政策调整挂钩机制。对绩效好的政策和项目原则上优先保障，对绩效一般的政策和项目要督促改进，对交叉重复、碎片化的政策和项目予以调整，对低效无效资金一律削减或取消，对长期沉淀的资金一律收回。

8.3 完善收费制度，扩大政府性基金资金来源

研究制定有利于增加污水处理费、垃圾处理费、船舶油污损害赔偿基金、废弃电器电子产品处理基金等收入的制度。落实《关于制定和调整污水处理收费标准等有关问题的通知》要求，城镇污水处理收费标准要补偿污水处理和污泥处置设施的运营成本并合理盈利，效仿长江经济带部分地市做法，对经济困难的家庭给予一定比例减免，防止普遍出现“富人搭便车、政府兜底压力大”现象。垃圾处理收费由行政事业性收费收入纳入政府性基金管理，按照补偿收集转运及处理处置成本原则，尽快提高征收费率，通过捆绑物业费、自来水费、燃气费等方式提高收缴率。在有条件的地区探索实行污水垃圾处理农户缴费制度，建立

财政补贴与农户缴费合理分摊机制。收费确实不能弥补成本和收益的，可由地方政府通过部门预算或设立财政专项资金给予补贴，落实优惠政策。

8.4 优化纵横向生态补偿机制

完善纵向常态化综合性生态补偿机制。基于不同地区生态空间面积和生态服务质量等因素，科学测定生态补偿标准，完善绩效考核机制，发挥上级政府引导作用，激励下级政府加强生态保护修复。在现有国家重点生态功能区转移支付基础上，建立完善国家对省级行政区、省级行政区对市级行政区、市级行政区对县级行政区的纵向生态补偿机制，将各级政府生态保护建设工作纳入政绩考核体系，并适当加大权重。例如，鄂州市近年来以湖北省首批自然资源资产负债表和领导干部自然资源资产离任审计试点为契机，实施鄂州市生态价值工程，在生态价值计量、生态补偿、生态资产融资、生态价值目标考核等方面开展制度设计和实践探索，将自然生态系统提供的各类服务和贡献统一计量为无差别的货币单位，将价值计量的结果运用于各区之间的生态补偿，最后开展考核，推动生态责任制度化。

完善省域范围内的横向生态补偿机制，上级政府通过重点领域生态保护规制措施促进下级政府间建立横向生态补偿机制。例如，重庆市通过设置森林覆盖率约束性考核指标，明确各方权责和相应管控措施，形成森林覆盖率达标地区和不达标地区之间的交易需求。机制成熟后，逐步推广至跨省域的森林生态补偿机制。

8.5 健全税收及其优惠政策

优化环境保护税。根据经济合作与发展组织（OECD）各成员国经验，我国应适当细化环境保护税目，提高征收税率。现行的 4 类征税污染物并未全面覆盖环境中存在的主要污染物，未来可根据具体情况，对污染防治任务较重、技术达到标准的税目开征环境保护税，扩大征税范围。设定合理税率，给予地方政府一定自主权，根据当地污染物排放量和承受力设定适应本地区的环境税率，使企业缴纳的税费能够弥补企业的排污行为给环境造成的损失。

扩大消费税、资源税征收范围。将农药、化肥、含磷洗涤剂等高污染产品纳入消费税征收范围并适当提高已征税产品税率，体现“高污染高税负”原则。当前，尤其应当提高烟草行业消费税税率。根据资源禀赋、地理位置、开采难易程度等因素，提高原油、煤炭等资源税税率，防止过度开采和污染环境。

完善税收优惠体系。在涉及生态环境保护税收优惠方面，进一步完善优惠体系，整合相似优惠政策，构建可充分发挥作用的税收优惠体系，形成覆盖技术产品研发、环保服务提供和环境产品生产、环保产品消费等环节的完整优惠链条，使优惠形式和内容易掌握、易操作。对于一些需要长期执行的税收优惠政策，在税法中明确列出。

8.6 更好发挥政府绿色采购作用

基于碳达峰、碳中和要求，更好发挥绿色采购对低碳节能产品消费的带动作用。综合运用强制采购、优先采购、制定政府采购需求标准等措施，扩大政府绿色采购范围。推进服务和工程类采购环境标志产品，目前的政府绿色采购仅限于货物类，而服务和工程也是政府采购的重要组成部分，采购金额远大于货物采购金额。在政府采购服务和工程中采购环境标志产品，进一步推动服务行业和工程施工行业的节能减排。完善绿色采购信息平台，建立采购部门和供应商之间沟通机制，向生产部门传递低碳产品购买需求。建立政府绿色采购监测和绩效评价体系，全面、准确评估政府采购对环境保护、应对气候变化和经济社会发展的作用，同时引入第三方开展绿色采购评价工作，实施有效的绿色采购考核监督机制。

附 表

财政生态环境支出类、款、项情况及支出说明（2020年）

科目代码			科目名称	支出说明
类	款	项		
211			节能环保	反映政府节能环保支出
	01		环境保护管理事务	反映环境保护管理事务支出
		01	行政运行	反映行政单位（包括实行公务员管理的事业单位）基本支出
		02	一般行政管理事务	反映行政单位（包括实行公务员管理的事业单位）未单独设置项级科目的其他项目支出
		03	机关服务	反映为行政单位（包括实行公务员管理的事业单位）提供后勤服务的各类后勤服务中心、医务室等附属事业单位的支出。其他事业单位的支出，凡单独设置了项级科目的，在单独设置的项级科目中反映。未单设项级科目的，在“其他”项级科目中反映
		04	环境保护宣传	反映生态环境部门环境保护宣传方面的支出

科目代码			科目名称	支出说明
类	款	项		
211	01	05	环境保护法规、规划及标准	反映环境保护法规政策的前期研究、制定，规划的前期研究、制定及实施评估，环境标准试验、研究和制定等方面的支出
		06	生态环境国际合作及履约	反映生态环境部门国际环境合作与交流、谈判及履约工作支出，国际环境合作及履约项目国内配套、国际环境热点问题调研及咨询、周边国家环境纠纷处理及合作等方面的支出
		07	生态环境保护行政许可	反映生态环境部门经法律法规设定和经国务院批准的行政许可管理支出，如建设项目环境影响评价审批、排污许可、危险废物经营许可等行政许可管理及相关技术支持等方面的支出
		99	其他环境保护管理事务支出	反映除上述项目以外用于环境保护管理事务方面的支出
	02		环境监测与监察	反映政府环境监测与监察支出
		03	建设项目环评审查与监督	反映生态环境部门对建设类规划、建设项目的环境影响评价、评审，建设项目“三同时”监理、验收等方面的支出
		04	核与辐射安全监督	反映生态环境部门核安全核辐射安全监管、审评支出、放射性物质运输监管、核材料管制、核设施监管等支出
		99	其他环境监测与监察支出	反映除上述项目以外用于环境监测与监察方面的支出
	03		污染防治	反映政府在治理大气、水体、噪声、固体废物、放射性物质等方面的支出
		01	大气	反映政府在治理空气污染、汽车尾气、酸雨、二氧化硫、沙尘暴等方面的支出
		02	水体	反映政府在排水、污水处理、水污染防治、湖库生态环境保护、水源地保护、国土江河综合整治、河流治理与保护、地下水修复与保护等方面的支出
		03	噪声	反映政府在治理噪声和震动污染方面的支出

科目代码			科目名称	支出说明
类	款	项		
211	03	04	固体废物与化学品	反映政府在垃圾、医疗废物、危险废物及工业废弃物处置处理等方面的支出，持久性有机污染物监管及淘汰处置支出等
		05	放射源和放射性废物监管	反映对放射源生产、销售、使用、废弃源处置等管理的支出，放射性废物管理、收集、处置等支出，放射性废物库建设与运行等方面的支出
		06	辐射	反映政府在核辐射、电磁辐射污染治理等方面的支出
		99	其他污染防治支出	反映除上述项目以外用于污染防治方面的支出
	04		自然生态保护	反映生态保护、生态修复、生物多样性保护、农村环境保护和生物安全管理等方面的支出
		01	生态保护	反映用于生态功能保护区、生态示范区、生态省（市、县）管理及能力建设、日常管护、宣教、试点示范等支出，生态修复支出，资源开发生态监管等支出
		02	农村环境保护	反映用于农村环境保护方面的支出。有关事项包括：农村环境综合整治，如生活垃圾、污水处理，农村饮用水水源地监测与保护等；小城镇环境保护，如小城镇环境保护能力建设及环境基础设施建设，环境优美乡镇及生态村创建等；农用化学品（化肥、农药、农膜等）污染防治、畜禽养殖污染防治、土壤污染防治；农产品产地环境监测与监管，有机食品基地建设与管理，秸秆等农业废弃物综合利用；农村环境保护能力建设、宣教、试点示范等
		03	自然保护区	反映用于自然保护区管理、能力建设、日常管护、宣教、试点示范等支出
		04	生物及物种资源保护	反映用于生物多样性、生物安全、生物遗传资源管理及保护、外来入侵物种防治、微生物环境安全监管等支出
		99	其他自然生态保护支出	反映除上述项目以外用于自然生态保护方面的支出

科目代码 类	款	项	科目名称	支出说明
211	05		天然林保护	反映专项用于天然林资源保护工程的各项补助支出
		01	森林管护	反映专项用于森林资源管护所发生的各项补助支出
		02	社会保险补助	反映专项用于由于木材减产或停产造成实施单位应缴纳社会保险费缺口的补助支出
		03	政策性社会性补助支出	反映专项用于实施单位承担的政策性社会性补助支出
		06	天然林保护工程建设	反映天然林保护工程建设支出
		07	停伐补助	反映专项用于全面停止天然林商业性采伐的补助支出
		99	其他天然林保护支出	反映除上述项目以外用于天然林保护方面的支出
	06		退耕还林	反映专项用于退耕还林工程的各项补助支出
		02	退耕现金	反映专项用于退耕户的医疗、教育等日常生活需要的支出
		03	退耕还林粮食折现补贴	反映财政用于退耕还林粮食折现方面的补助
		04	退耕还林粮食费用补贴	反映地方财政拨付的退耕还林粮食费用补贴
		05	退耕还林工程建设	反映退耕还林工程建设支出
		99	其他退耕还林支出	反映除上述项目以外用于退耕还林方面的支出
	07		风沙荒漠治理	反映用于风沙荒漠治理方面的支出
		04	京津风沙源治理工程建设	反映用于风沙源治理工程建设支出
		99	其他风沙荒漠治理支出	反映除上述项目以外用于风沙荒漠治理方面的支出
	08		退牧还草	反映退牧还草方面的支出
		04	退牧还草工程建设	反映退牧还草工程建设支出
		99	其他退牧还草支出	反映除上述项目以外用于退牧还草方面的支出
	09		已垦草原退耕还草	反映已垦草原退耕还草方面的支出
		01	已垦草原退耕还草	反映已垦草原退耕还草方面的支出

科目代码			科目名称	支出说明
类	款	项		
211	10		能源节约利用	反映用于能源节约利用方面的支出
		01	能源节约利用	反映用于能源节约利用方面的支出
	11		污染减排	反映用于污染减排方面的支出
		01	生态环境监测与信息	反映生态环境部门监测和信息方面的支出，包括环境质量监测、污染治理设施竣工验收监测、污染源监督性监测、污染事故应急监测和污染纠纷监测等支出，环境统计和调查、环境质量评价、绿色国民经济核算等支出，环境信息系统建设、维护、运行、信息发布及其技术支持等方面的支出
		02	生态环境执法监察	反映生态环境部门监督检查环保法律法规、标准等执行情况的支出，行政处罚、行政诉讼、行政复议支出，环境行政稽查支出，执法装备支出，排污费申报、征收与使用管理支出，环境问题举报、环境纠纷调查处理支出，突发性污染事故预防、应急处置等支出
		03	减排专项支出	反映用减排专项资金安排的支出
		04	清洁生产专项支出	反映支持清洁生产方面的支出
		99	其他污染减排支出	反映除上述项目以外用于污染减排方面的支出
	12		可再生能源	反映用于可再生能源方面的支出
		01	可再生能源	反映用于可再生能源方面的支出
	13		循环经济	反映用于循环经济（含资源综合利用）方面的支出
		01	循环经济	反映用于循环经济（含资源综合利用）方面的支出
	14		能源管理事务	反映能源管理事务方面的支出
		01	行政运行	反映行政单位（包括实行公务员管理的事业单位）的基本支出
		02	一般行政管理事务	反映行政单位（包括实行公务员管理的事业单位）未单独设置项级科目的其他项目支出

科目代码			科目名称	支出说明
类	款	项		
211	14	03	机关服务	反映为行政单位（包括实行公务员管理的事业单位）提供后勤服务的各类后勤服务中心、医务室等附属事业单位的支出。其他事业单位的支出，凡单独设置了项级科目的，在单独设置的项级科目中反映。未单设项级科目的，在“其他”项级科目中反映
		04	能源预测预警	反映用于能源预测预警研究、建设及能源信息收集、整理等方面的支出
		05	能源战略规划与实施	反映用于能源战略规划、政策的研究、制定、实施及能源体制改革等方面的支出
		06	能源科技装备	反映用于能源科技装备方面的支出
		07	能源行业管理	反映用于煤炭、电力（含核电）、石油、天然气、可再生能源、其他能源行业的管理及能源节约等方面的支出
		08	能源管理	反映能源专家咨询、管理以及国家能源专家咨询委员会等工作的支出
		09	石油储备发展管理	反映用于石油储备发展管理方面的支出
		10	能源调查	反映用于能源调查方面的支出
		11	信息化建设	反映用于信息化建设方面的支出
		13	农村电网建设	反映用于农村电网建设与改造方面的支出
		50	事业运行	反映事业单位的基本支出，不包括行政单位（包括实行公务员管理的事业单位）后勤服务中心、医务室等附属事业单位
		99	其他能源管理事务支出	反映除上述项目以外的能源管理支出
	99		其他节能环保支出	反映除上述项目以外用于节能环保方面的支出
		01	其他节能环保支出	反映除上述项目以外用于节能环保方面的支出
213			农林水支出	反映政府农林水事务支出
	01	35	农业资源保护修复与利用	反映用于农业耕地保护、修复与建设，草原草场改良、利用与建设，渔业水产及水生生物资源保护与利用等方面的支出

科目代码			科目名称	支出说明
类	款	项		
213	02		林业和草原	反映政府用于林业和草原方面的支出
		01	行政运行	反映行政单位（包括实行公务员管理的事业单位）的基本支出
		02	一般行政管理事务	反映行政单位（包括实行公务员管理的事业单位）未单独设置项级科目的其他项目支出
		03	机关服务	反映为行政单位（包括实行公务员管理的事业单位）提供后勤服务的各类后勤服务中心、医务室等附属事业单位的支出。其他事业单位的支出，凡单独设置了项级科目的，在单独设置的项级科目中反映。未单设项级科目的，在“其他”项级科目中反映
		04	事业机构	反映事业单位的基本支出，不包括行政单位（含实行公务员管理的事业单位）后勤服务中心等附属事业单位的支出
		05	森林培育	反映育苗（种）、造林、抚育、退化林修复、义务植树以及生物质能源建设等方面的支出
		06	技术推广与转化	反映良种繁育、新技术引进、区域化试验、示范、技术推广、成果转化、科学普及等方面的支出
		07	森林资源管理	反映森林资源核查、监测、评估、经营利用、林地保护等方面的支出
		09	森林生态效益补偿	反映用于公益林保护和管理等方面的支出
		10	自然保护区等管理	反映除国家公园外的自然保护区、风景名胜区、自然遗产、地质公园等自然保护地建设、调查、规划、监测、管护、能力提升、生态补偿、生态保护和修复、科研、宣传及管理等方面的支出
		11	动植物保护	反映动植物资源生存环境调查、监测、保护管理、野外放（回）归、巡护、野生动物疫源疫病监测防控、濒危野生动植物拯救、繁育及进出口管理等方面的支出
		12	湿地保护	反映湿地保护和管理方面的支出

科目代码			科目名称	支出说明
类	款	项		
		13	执法与监督	反映执法与监督队伍建设，刑事、行政案件受理、查处和督办，行政许可、复议与诉讼管理等方面的支出
		17	防沙治沙	反映荒漠化和沙化土地普查、监测、防治及管理等方面的支出
		20	对外合作与交流	反映履行国际公约、国际合作项目管理、对外联络等交流合作方面的支出
		21	产业化管理	反映产业化管理方面的支出
		23	信息管理	反映信息化建设、运行维护及管理方面的支出
		26	林区公共支出	反映林区公共支出
		27	贷款贴息	反映贷款的财政贴息支出
		32	成品油价格改革对林业的补贴	反映成品油价格改革对林业的补贴
213	02	34	防灾减灾	反映防治病虫害等有害生物灾害、野生动物疫病灾害等方面的支出
		35	国家公园	反映国家公园建设、调查、规划、监测、管护、生态保护和修复、能力提升、科研、生态补偿、宣传及管理等方面的支出
		36	草原管理	反映草原草场调查、规划、监测、管护、生态保护和修复等方面的支出
		37	行业业务管理	反映行业标准、政策法规、规划规程制定，生态工程及项目的可研、评审评估、绩效评价、检查验收，资金资产监督管理，统计调查与数据分析发布，检疫检测，森林认证，林产品质量监管，新品种及知识产权保护，生物安全与遗传资源管理，重大宣传，人才发展等方面的支出
		99	其他林业和草原支出	反映除上述项目以外用于林业和草原方面的支出

科目代码			科目名称	支出说明
类	款	项		
213	03	10	水土保持	反映水利系统纳入预算管理的水土保持事业单位的支出，包括规划制订和实施，治理、生态修复、预防监测、调查协调、综合治理、开发技术的示范等支出
		11	水资源节约管理与保护	反映水利系统纳入预算管理的水资源管理与保护事业单位的支出，包括实施流域或跨流域水资源调度、节约用水、设备仪器运行维护、地下水资源管理等活动支出
		12	水质监测	反映水利系统纳入预算管理的水质监测事业单位的支出，包括水质监测仪器设备运行维护、水样品采集与保存等活动支出
		19	江河湖库水系综合整治	反映江河湖库水系综合整治方面的支出，包括中小河流治理、江河湖库水系连通、小型水库除险补助
220			自然资源海洋气象等支出	反映用于国土海洋气象方面的支出
	01	10	国土整治	反映自然资源部门国土整治等方面的支出
	02	05	海洋环境保护与监测	反映海洋部门环境保护与监测系统建设、运行、维护以及信息发布等方面的支出
		18	海岛和海域保护	反映海岛和海域生态环境整治、修复和保护方面的支出

参考文献

[1] 田宜水. 我国农作物秸秆综合利用产业促进政策研究[J]. 中国农业资源与区划，2020，41（9）：28-36.

[2] 刘桂环，文一惠，谢婧，等. 国家重点生态功能区转移支付政策演进及完善建议[J]. 环境保护，2020，48（17）：9-14.

[3] 王婷. 构建绿色税收制度的研究[D]. 郑州：河南财经政法大学，2020.

[4] 巫竞盛，王晓丽，朱楠，等. 浙江省公益林生态补偿制度存在的问题及对策分析[J]. 浙江林业科技，2020，40（3）：79-84.

[5] 巨文慧，孙宏亮，赵越，等. 我国流域生态补偿发展实践与政策建议[J]. 环境与发展，2019，31（11）：1-2，8.

[6] 王轶峤. 面向全生命周期的矿产资源开发生态补偿机制研究[D]. 北京：北京科技大学，2019.

[7] 陈芳. 政府绿色采购相关问题分析[J]. 经贸实践，2018（22）：189-190.

[8] 柳凌，倪吴忠. 我国环保电价政策体系及监管方式探索[J]. 中国价格监管与反垄断，2018（10）：56-60.

[9] 本刊特约评论员. 完善环保电价政策　着力推进绿色发展[J]. 价格理论与实践，2018（4）：1.

[10] 朱小会. 中国财税政策的环境治理效应研究[D]. 重庆：重庆大学，2018.

[11] 盖中伟. 完善我国环境保护财政政策的建议[J]. 经济研究参考，2018（6）：32-33.

[12] 吴洋. 中国地方政府财政性环保支出作用与效率研究[D]. 沈阳：辽宁大学，2017.

[13] 秦婷婷. 促进环境保护的财政政策研究[D]. 济南：山东财经大学，2016.

[14] 杨谨夫. 我国生态补偿的财政政策研究[D]. 财政部财政科学研究所，2015.

[15] 郭佳. 中国环境保护财政政策研究[D]. 重庆：重庆大学，2015.

[16] 梁宝君，石焱，袁卫国. 我国森林生态效益补偿政策的回顾与思考[J]. 中南林业科技大学学报（社会科学版），2014，8（5）：1-5.

[17] 岳丽鑫. 我国城市居民生活垃圾收费问题研究[D]. 石家庄：河北经贸大学，2012.

[18] 刘晓佳. 完善我国环境保护财政政策体系研究[D]. 财政部财政科学研究所，2010.

[19] 王涛，刘清水. 森林生态效益补偿制度的回顾与展望[J]. 绿色财会，2009（3）：3-5.